看见游戏
发现成长

杨英 主编

文化发展出版社
Cultural Development Press
·北京·

图书在版编目（CIP）数据

看见游戏　发现成长 / 杨英主编. -- 北京：文化发展出版社，2024.11
　　ISBN 978-7-5142-4214-0

Ⅰ. ①看… Ⅱ. ①杨… Ⅲ. ①游戏课－教案（教育）－学前教育 Ⅳ. ① G613.7

中国国家版本馆 CIP 数据核字(2024) 第 101404 号

看见游戏　发现成长

主　编　杨　英

出 版 人：宋　娜
责任编辑：李　毅　雷大艳　　　　　责任校对：岳智勇　马　瑶
责任印制：邓辉明　　　　　　　　　封面设计：郭　阳
出版发行：文化发展出版社（北京市翠微路 2 号 邮编：100036）
发行电话：010-88275993　010-88275710
网　　址：www.wenhuafazhan.com
经　　销：全国新华书店
印　　刷：北京虎彩文化传播有限公司
开　　本：889mm×1194mm　1/16
字　　数：165 千字
印　　张：9
版　　次：2024 年 11 月第 1 版
印　　次：2024 年 11 月第 1 次印刷
定　　价：68.00 元
Ｉ Ｓ Ｂ Ｎ：978-7-5142-4214-0

◆ 如有印装质量问题，请与我社印制部联系。电话：010-88275720

编委会

主　　编 杨　英
副 主 编 陈　熊　石　一
编委会委员 张文萌　薛　欢　马　悦　任　莹
　　　　　　　王　劲　苏　涛　姜　帆　马子云
　　　　　　　郭振亚　徐　冰　霍靖文　王　楠

前　　言

兵器工业机关服务中心幼儿园始终秉承"不一样的生命、一样的精彩"的办园理念，践行"培养幼儿自主性，做成长主人"的育人目标，倾心为孩子、用心办教育，促进幼儿自理、自立、自主、自信，全面和谐地发展。

我园以《幼儿园工作规程》《幼儿园教育指导纲要》为指导，将《3—6岁儿童学习与发展指南》的精神践行在每日的保育与教育工作中，立足幼儿发展，实施科学保教。2021年，我园独立申请了中国学前教育研究会的"十四五"课题"借助身边资源促进幼儿主动学习的实践研究"，以课题为载体，以幼儿身边资源为媒介，让教师学会站在孩子的角度去发现、探索、挖掘身边资源中隐藏的教育价值，依托触手可及的教育材料，聚焦幼儿主动学习，树立"看见"资源、"看见"儿童的意识，提升"看懂"儿童的能力。

我园坚持儿童立场，尊重幼儿的学习方式与发展特点，让教师和幼儿一起从身边熟悉的、感兴趣的人、事、物出发，落实"一日生活皆教育"。如大班的"'兵幼音乐节'诞生记""幼儿园里的石狮子"，中班的"关于一次制作红薯干的'持久战'""毛毛虫变蝴蝶"，小班的"娃娃家的一波三折之旅""我们一起包饺子吧"等，这些活动基于幼儿的现实生活，从幼儿感兴趣的问题和真实需求出发，让孩子们用好奇的眼睛去观察，用稚嫩的笔触去记录，用灵巧的双手去创作，在活动中体验，在体验中成长。

《看见游戏　发现成长》是我园教师在工作中梳理的部分精彩案例。活动中，教师不仅"看见"了资源，更从"看见"资源到"看见"儿童，从而更好地支持幼儿的主动发展。充分体现了在践行"儿童是有能力的学习者"理念后，从关注结果到关注过程的转变，诠释了从"看见儿童"到"看懂儿童"的探索与实践。

我们与孩子一路走来，一路陪伴，一起成长，感受春暖花开！

我们还在路上，将继续向阳前行……

编者
2024年5月

目 录

浅析幼小衔接中幼儿园劳动教育——从大班幼儿的"劳动派对"开始 1

    一、案例背景 1

    二、案例目的 1

    三、过程与实施 2

    四、案例反思 8

骑行车道到底有多宽 10

    一、案例背景 10

    二、案例目的 10

    三、过程与实施 11

    四、案例反思 15

"兵幼音乐节"诞生记 17

    一、案例背景 17

    二、案例目的 18

    三、过程与实施 18

    四、案例反思 26

关于毕业…… 28

    一、案例背景 28

    二、案例目的 28

    三、过程与实施 29

    四、案例反思 34

此"计划"非彼计划——区域游戏计划演变纪实 36

    一、案例背景 36

    二、案例目的 36

　　　　三、过程与实施 37
　　　　四、案例反思 41

天生一对——探秘大班合作的前世今生 42
　　　　一、案例背景 42
　　　　二、案例目的 42
　　　　三、过程与实施 43
　　　　四、案例反思 44

旋转吧，陀螺！ 45
　　　　一、案例背景 45
　　　　二、案例目的 45
　　　　三、过程与实施 46
　　　　四、案例反思 49

从天而降的声音 51
　　　　一、案例背景 51
　　　　二、案例目的 51
　　　　三、过程与实施 52
　　　　四、案例反思 56

娃娃家的一波三折之旅 57
　　　　一、案例背景 57
　　　　二、案例目的 57
　　　　三、过程与实施 57
　　　　四、案例反思 61

我的幼儿园，我们的幼儿园 62
　　　　一、案例背景 62
　　　　二、案例目的 62
　　　　三、过程与实施 63
　　　　四、案例反思 68

小蜗牛　大探秘 70
　　　　一、案例背景 70

  二、案例目的 ………………………………………………………………… 70
  三、过程与实施 ……………………………………………………………… 71
  四、案例反思 ………………………………………………………………… 74

关于一次制作红薯干的"持久战" ………………………………………… 75
  一、案例背景 ………………………………………………………………… 75
  二、案例目的 ………………………………………………………………… 75
  三、过程与实施 ……………………………………………………………… 76
  四、案例反思 ………………………………………………………………… 81

洋葱到底有多高？ …………………………………………………………… 83
  一、案例背景 ………………………………………………………………… 83
  二、案例目的 ………………………………………………………………… 83
  三、过程与实施 ……………………………………………………………… 84
  四、案例反思 ………………………………………………………………… 87

冬天里我们和大蒜的故事 …………………………………………………… 88
  一、案例背景 ………………………………………………………………… 88
  二、案例目的 ………………………………………………………………… 88
  三、过程与实施 ……………………………………………………………… 89
  四、案例反思 ………………………………………………………………… 92

表演区的敲敲乐 ……………………………………………………………… 93
  一、案例背景 ………………………………………………………………… 93
  二、案例目的 ………………………………………………………………… 93
  三、过程与实施 ……………………………………………………………… 93
  四、案例反思 ………………………………………………………………… 97

毛毛虫变蝴蝶 ………………………………………………………………… 98
  一、案例背景 ………………………………………………………………… 98
  二、案例目的 ………………………………………………………………… 98
  三、过程与实施 ……………………………………………………………… 99
  四、案例反思 ………………………………………………………………… 102

签到这点事儿 ... 103
- 一、案例背景 ... 103
- 二、案例目的 ... 103
- 三、过程与实施 ... 103
- 四、案例反思 ... 107

我们一起包饺子吧 ... 108
- 一、案例背景 ... 108
- 二、案例目的 ... 108
- 三、过程与实施 ... 109
- 四、案例反思 ... 113

球球大作战 ... 115
- 一、案例背景 ... 115
- 二、案例目的 ... 116
- 三、过程与实施 ... 116
- 四、案例反思 ... 119

我们的毕业展 ... 120
- 一、案例背景 ... 120
- 二、案例目的 ... 120
- 三、过程与实施 ... 121
- 四、案例反思 ... 126

幼儿园里的石狮子 ... 127
- 一、案例背景 ... 127
- 二、案例目的 ... 128
- 三、过程与实施 ... 128
- 四、案例反思 ... 133

浅析幼小衔接中幼儿园劳动教育——从大班幼儿的"劳动派对"开始……

马 悦

一、案例背景

2021年3月，教育部印发的《关于大力推进幼儿园与小学科学衔接的指导意见》的附属文件《幼儿园入学准备教育指导要点》明确提出："参与劳动有助于培养幼儿良好的劳动习惯，提高幼儿的自理能力和动手能力，增强自信心，培养初步的责任感。"幼儿园的劳动教育强调与生活、游戏紧密结合起来，充分整合和利用各种资源，将劳动教育与各种活动有机渗透和整合，多方面调动幼儿参与劳动活动的积极性，通过多种活动为幼儿提供直接感知、实际操作和亲身体验的机会，最大限度促进幼儿主动、深入地学习。大班幼儿在"我的值日我做主""自主加餐我会做"等生活活动中，初步掌握了分餐、整理的劳动方法，且自主性得到了进一步提高，对班级活动有了更多的自主权；在"兵幼超市""健康驿站""种植园地里的秘密"等区域活动中，体验了多种劳动角色和劳动过程。"真操作—真发现—真分析—真解决"的活动过程，培养了幼儿主动为他人或集体服务的意识，让他们获得了内心的荣誉感和成就感，也提高了参与劳动的自觉性和主动性。随着自主意识和能力的不断增强，幼儿提出了负责全班劳动任务的想法，面对面积大、材料多的现状，幼儿的想法能实现吗？会有哪些波折呢？于是大三班的孩子们和老师一起开展了本次"劳动派对"活动，用儿童的视角诠释劳动与生活、游戏的链接。

二、案例目的

以班级多种活动为载体，全面推进入学准备教育。本次劳动派对，融合了日常生活活动、区域游戏活动、集体教育活动等形式，在"确定分工，制订劳动计划""合理分工，调整劳动

看见游戏　发现成长

计划""增加时间，升级劳动计划""共享经验，梳理劳动方法""制定公约，巩固劳动成果"的过程中，围绕社会交往、自我调控、规则意识和专注坚持等进入小学所需的关键素质，进行了有针对性的培养，为入学准备奠定了基础，具体教育目标如下：

1. 引导幼儿制订班级劳动计划，鼓励幼儿自主确定任务分工并有计划地完成，有一定的责任感。

2. 让幼儿能使用简单的劳动工具，掌握一定的方法。

3. 让幼儿愿意与他人讨论问题，能有序、连贯、清楚地讲述一件事情。

4. 让幼儿认识时钟，感受时间，树立时间观念。

5. 让幼儿尊重身边的劳动者，珍惜劳动成果。

三、过程与实施

在"我的值日我做主"活动中，幼儿针对值日的"自主选择工作伙伴"以及"优化星级评价"内容进行了探究。在班级中的主人翁意识更加凸显，其自主性也得到了提高。面对冲突与矛盾能相对完整地表达自己的观点，且能采用投票、辩论等方式进行解决。大班第二学期幼儿的自我意识、自主能力发展逐渐增强，他们更渴望体现自己的能力，为集体贡献力量。幼儿与老师共同经历一次大扫除活动以后，他们提出要打扫整个班级的活动需求，这场属于幼儿的"劳动派对"应运而生。

情景一：大扫除 or 劳动派对——分工合作，制订劳动计划

开学第一天，老师邀请幼儿参与了班级开学大扫除活动。意犹未尽的孩子们想继续开展大扫除活动，他们便提出了要负责整个班级的劳动任务的想法。活动还没开始，却引发了孩子们的争论……

豆豆："我觉得不能叫大扫除了，要起一个好听的名字。"

天天："对，我觉得咱们就像开派对，很多人一起做一件开心的事，我们这个活动不就是这样的吗？所以，叫'开派对'比较合适。"

丁丁："'开心劳动日'也不错。"

正当大家争执不下时，果果站了起来说："不行就老规矩吧——投票。"

幼儿："行，投票最公平。"

经过一轮的投票，"劳动派对"这一名字以28票的高票通过。确定完活动名称后，教师通

过"班级都有哪些地方需要打扫？""这么多人，该怎样去打扫更合适呢？""刚才的分工，我都没记住，人太多了怎么办？"进行设问，鼓励幼儿调动已有经验，进行解决。在交流中，孩子们对劳动任务以及采用分工合作进行劳动的形式达成了一致，并制作一张能看见的计划表，来帮助解决忘记任务、忘记合作伙伴的问题。

分析：

在解决取名字冲突时，幼儿能大胆地表达自己的想法和观点，也能倾听同伴的想法。遇到矛盾和冲突时，能采用已有经验——"投票"来解决。劳动任务多、人员多，容易忘记同伴和任务，幼儿通过制作分工计划表解决问题。"劳动派对"在教师营造的宽松、自主的班级氛围中，自然生成。教师通过设问策略，唤醒幼儿调动已有经验解决问题的意识。劳动派对已初具雏形，他们制订的分工合作计划会成功吗？

情景二：打扫水杯格的人多，太挤啦——合理分工，调整劳动计划

制定完分工计划表，幼儿便根据自己选择的劳动任务，实施计划。很快他们就发现了问题。

球球："这么多人都挤在水杯格这里，我怎么擦呀！"

乐乐："水杯格的地方太小，人太多。"

教师："你们都选择清扫水杯格吗？"

"是的。我们计划表上就是这么选的。"孩子们异口同声地说。

于是，全班针对计划实施过程中遇到的问题进行了讨论。

教师："你们在执行劳动计划过程中，还遇到了哪些问题呢？"

帆帆："睡眠室太大了，就我和丁丁，都忙不过来了。"

教师："水杯格场地小，但是选择的人多，忙不开。睡眠室太大，选择的人少，忙不完。你们有什么好办法吗？"

小小熊："大一点的地方需要多一点人，小一点的地方可以少一点人，或者轮流整理。"

甜甜："美工区材料太多了，我自己擦不完。"

教师："哦，原来不仅要结合劳动场地的大小，还要关注劳动任务的多少来进行合理分工才可以。"

师幼共同针对班级现有劳动的场地大小、任务多少进行了针对性的分析，经过讨论，幼儿提出，不固定具体人数，确定相对人数就可以，这样既能合理分工，又能与自己的好朋友一起

劳动。于是幼儿提出，采用格子大小的方式来进行提示：格子大说明需要的人多，格子小则说明需要的人少。

分析：

幼儿已有分工合作的意识，但是对因地制宜、因需制宜进行合理分工的理解还不足。幼儿在实施计划中很快发现了"场地小人多拥挤，干不了""任务多人少，干不完"等问题，在实际操作中体验到合理分工的重要性，于是提出调整劳动计划表的人员安排。结合现有劳动任务、劳动场地的情况，在选定适宜的人数时，针对任务少的地方幼儿提出不能出现单个劳动者的建议，表达了想要和自己的好朋友一起完成劳动任务的需求。教师打破成人"合理分工"的固定概念，理解幼儿的情感需要，支持针对任务只确定相对适宜人数的决定，并对采用格子大小来进行提示的想法给予了肯定。教师以问题为导向，并随着幼儿经验、能力的发展，有效引导他们进行思考，从而获得合理分工的新经验。幼儿兴致勃勃地投入新的体验中。

情景三：先玩 or 先擦——增加时间，升级劳动计划

调整后的劳动派对计划表，提出了每项任务要结合场地大小、任务多少进行合理分工的建议。按格子大小进行人数提示的方法，也得到了全班认可。自此，幼儿每天都坚持按照计划表积极参加班级劳动活动。但是，没过多久新的问题又出现了……

小雪："你先别擦了，我要用。"

同同："还没擦呢，你先别玩儿。"

岳岳："你就不能等会再擦吗？"

小雪："你不能等会再玩吗？"

……

眼看孩子们的矛盾即将进入白热化，教师在了解完冲突缘由后，与幼儿共同决定通过儿童会议的方式，针对"先玩还是先打扫"进行交流和讨论。没想到因为劳动活动没有固定的时间，有时与区域游戏活动冲突，有时与生活活动中的喝水环节、加餐环节也出现了冲突。原来，劳动也需要找到其合适的时间。就这样，幼儿将计划表又进行了调整，根据不同的劳动任务在计划表上加入了时间安排，这样劳动派对的计划更具可操作性，孩子们的劳动效率、成果达到了更高、更好的状态，同时进一步巩固了他们对于时间的认知和理解（如下图所示）。

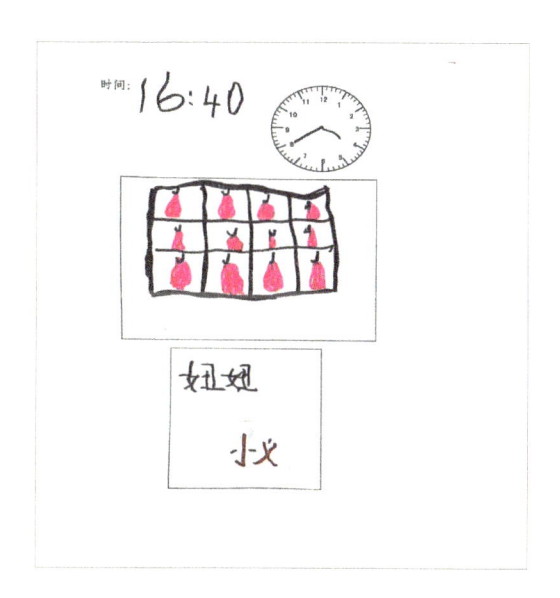

分析：

继解决合理分工后，幼儿又遇到了"劳动活动与其他活动时间冲突"的问题，于是幼儿针对"劳动派对"中的各项任务进行分析，结合在园的作息时间安排，用经验迁移的方式确定了执行各项任务的适宜劳动时间。教师支持幼儿通过分析发现时间与任务的内在联系，充分地感受、理解时间，这不仅培养了幼儿对时间的认知能力，还推动他们有计划地做事，责任意识得到进一步加强。教师鼓励幼儿通过钟表图、数字等两种方式进行计划时间安排，既尊重了幼儿的个体差异，又支持了全体幼儿的发展。劳动派对还在火热地进行中，幼儿还会遇到哪些新的问题呢？

情景四：为什么总是擦不干净——共享经验，梳理劳动方法

解决了劳动时间冲突问题后，劳动派对便在班级中有序开展，幼儿能根据计划中的时间安排，完成自己选择的劳动任务。但是，这天幼儿因为总是擦不干净，犯了难……

果果一边擦着镜子，一边小声地嘟囔："为什么总是擦不干净呢？"

教师："果果需要帮助吗？"

果果："我擦了很多遍，可就是擦不干净，急死我了。"

乐乐："你可以用湿一点的布擦一遍，再用干的擦一遍，这样就没有水印了。"

琪琪："脏了的地方可以先反复地擦擦，再把整个擦干净。"

丁丁："你用香皂试试。"

看见游戏 发现成长

……

大家你一句，我一句地表达着自己的经验，眼看狭小的盥洗室，涌进越来越多的人，于是教师请小朋友回到活动室进行讨论和分享。

教师："刚才果果遇到了擦不干净镜子的问题，你们还有哪些方法能帮助她吗？"

果果："可以先用咱们的免洗洗手液擦，再用干布擦就会很干净。"

妞妞："可以先用硬布擦，再用软布擦。"

教师："小朋友的方法真多，你们太厉害了！以前都是关老师负责这项工作的，我们问问关老师是不是也有好方法和我们分享呢？"

关老师："我会用到这种工具——刮水器，特别好用！擦完的镜子用它一刮就非常干净了。"

天天："设计这个的人真聪明！"

教师："哇！使用适宜的工具，也能帮助我们更好地完成任务。真是一个好办法。那针对其他的劳动任务，你们有什么好的劳动经验和方法与我们分享吗？"

小小熊："我知道怎么擦玩具柜更干净。先擦第一层，再擦第二层，最后擦第三层，这样不容易忘记。"

教师："劳动之前进行思考，有序地完成任务，真是一个好方法。"

妞妞："我用抹布擦完一面就换一面，或者洗一洗，这样就不会用脏的抹布擦东西了。"

教师："劳动中还得关注工具是不是干净的，这也是一个好方法！"

……

孩子们分别从方法技能、工具等方面分享了自己的有益经验。为了持续发挥这些好方法、使用这些好工具，孩子们决定采用绘画的方式来表现，并且张贴出来，这样便于更多的人用到这些方法。

分析：

幼儿对自主确定的劳动任务能有计划地完成，自己的劳动任务自己做，不会的愿意请教同伴和教师。在执行劳动任务中，幼儿不仅掌握了基本的劳动技能，还能开始思考省时、省力完成劳动任务的方法，由"会劳动"转向"慧劳动"。教师通过开展"怎样打扫得更干净"的儿童会议，针对劳动任务，师生共同分享了自己的劳动方法、好用的劳动工具。在共享经验中，教师理解不同幼儿参与劳动的经验不同，通过分组体验、集体分享、环境支持等策略，在合作

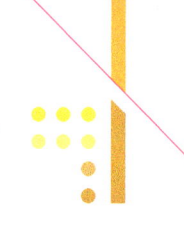

化的共同学习中，梳理了可行、有效的劳动经验，丰富了幼儿使用简单的劳动工具的方法，提高了劳动技能。

情景五：为什么我们扫完了老师还要扫？——制定公约，巩固劳动成果

幼儿的劳动技能越来越丰富，对劳动派对的兴趣持续高涨。正当幼儿沉浸在体验劳动的成功感和自豪感中，熙熙发现老师在美工区清扫地面碎纸片。

熙熙："老师，为什么我们扫完了你还要扫啊？"

教师："因为我发现美工区的地上还是没能清扫干净。"

嘟嘟："不对啊！我今天明明扫干净啦！我还检查了呢！"

乐乐："是不是美工区的小朋友在游戏后又给弄脏了，地上有纸屑。"

嘟嘟："小朋友辛苦地打扫，我们要爱惜别人的劳动成果才行。"

教师："那怎样才能号召大家都能爱惜别人的劳动成果呢？"

乐乐："要不我们开展劳动公约吧，大家约定一起来爱惜劳动成果。"

天天："公约？是和班级公约一样吗？"

乐乐："是的。"

……

孩子们迁移了之前制定班级公约的经验，很快确定了劳动公约的内容，并将协商好的公约画了下来，张贴在了墙面上。

分析：

幼儿在劳动过程中，不仅感受到劳动的快乐，获得了劳动技能，也体验到劳动的辛苦。在关注是否打扫干净后，又开始关注劳动成果的保持。面对"教师的重复劳动"，幼儿向教师提出了疑问，师幼在共同的交流与讨论中，倾听意见，聚焦问题，分析原因。明确了重复劳动的原因是——"没保持干净"。于是针对"怎样保持干净"的问题，幼儿迁移经验采用"劳动公约"来解决，号召大家要尊重为大家服务的人，珍惜其劳动成果。《3—6岁儿童学习与发展指南》中对"如何促进幼儿社会认知发展中教育"建议指出：要结合具体情境引导幼儿换位思考，学习理解他人。教师能有效抓住教育契机，结合具体实际问题，激发情感共鸣，帮助幼儿建立随时保持干净、爱护班级环境的意识，对幼儿采用"劳动公约"形成自觉约束自身的社会行为表示肯定与支持，这在一定程度上促进了幼儿的社会性发展，为终身发展奠定了基础。

四、案例反思

（一）由被动走向主动，开启探究之旅

劳动是什么呢？在"劳动派对"中幼儿和教师阐述了幼儿园劳动与生活、游戏紧密相连的特性。此案例是一个基于幼儿持久的兴趣和不断衍生问题的系列活动，记录了教师持续关注并积极支持幼儿深入劳动活动的过程。整个活动坚持问题导向，支持幼儿有效、深入探究。"任务太多，记不清楚分工怎么办？""有的地方人多太挤，没法干怎么办？""劳动与其他活动冲突了，怎么办？""总是擦不干净，怎么办？""我们擦完了，为什么老师还要擦？"幼儿在活动中不断产生疑问，又逐个攻破，一个个游戏中的难题破解成了幼儿开启下一次探索的钥匙。

（二）由"会劳动"走向"慧劳动"，促进多元发展

在"劳动派对"的活动过程中，幼儿不断遇到问题、解决问题，从而获得了多方面的发展。在解决任务多、人员多的问题时，他们提出了分工合作制订劳动计划的方法；在执行计划中，他们能自主确定任务分工，并能认真负责地完成自己所接受的任务，有了一定的责任感；当沟通交流方法时，他们用越来越连贯、清晰的语言，表达自己的想法；在绘制计划表、经验图的时候，他们用图画表达自己的想法并用语言加以解释；当劳动活动与游戏活动出现时间冲突时，通过分析发现时间与任务的内在联系，充分地感受、理解时间，这不仅提高了幼儿认识整点与半点的能力，还使他们认识了钟表的作用和时间的不可逆性，知道了珍惜时间；在体验劳动的过程中，他们的身心得到了发展。他们不断探索、发现并解决劳动中遇到的问题，思维变得越来越灵活，他们在独自劳动的过程中体会到自我满足感，在合作劳动中感受到合作的快乐，这些社会交往能力、自我调控能力、规则意识、专注坚持的学习品质，将成为他们适应小学生活的有效基石。

（三）由担心走向放手，支持幼儿自主劳动

教师正确的劳动教育观，在实施幼儿园劳动教育活动中起着至关重要的作用。在本次活动中，教师通过开展多次儿童会议倾听幼儿的声音，多种观察记录方式记录幼儿的劳动行为过程，细致分析看懂劳动对幼儿的综合性发展价值。让"假劳动"变"真劳动"，让"被动劳动"变"主动劳动"，让"劳动任务"变"劳动游戏"。而这些转变的核心是教师教育观念的转变。让幼儿在真实的情境中萌发劳动需要，在丰富的劳动体验中获得劳动能力，在系列的劳动活动中培养劳动习惯，并注重幼儿在过程中解决问题能力和交往能力的发展，从而获得"自

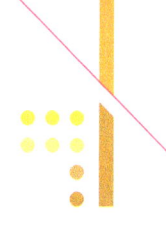

理、自立、自主、自信"的能力，成为能服务自己、服务班级、服务社会的人。

（四）由偶然走向日常，下一步支持与设想

劳动教育不仅应该包括实体性的劳动活动，还应该有抽象性的劳动精神。脱离了劳动精神的劳动活动迟早会成为一个僵硬的外壳，没有具体劳动活动作为载体的劳动精神也难以表达。如何避免"假劳动""表演劳动"，让劳动教育真实发生，以支持幼儿获得真正的发展，教师应该从细微处着手，让劳动教育融入班级活动的全过程，将"劳动派对"日常化，形成劳动自觉，促使幼儿形成正确的劳动价值观、拥有尊重劳动者的意识，培育幼儿辛勤劳动的态度、掌握必备的劳动技能。教师将在"急之所切、解其所忧"的支持者道路上继续前行……

骑行车道到底有多宽

苏 涛

一、案例背景

在一次户外活动中，教师组织幼儿开展了"骑小车"的游戏，过程中幼儿往返于起点与终点，很多幼儿发现骑行的时候，来回的小车常常撞在一起，于是，孩子们便开始质疑车道的宽度。教师对于幼儿能基于现状敢于挑战与思考的高阶思维能力给予了充分的肯定，也基于幼儿的兴趣和需要，开展了本次测量活动。

《幼儿园入学准备教育指导要点》明确指出："教师要引导幼儿尝试用数学的方法解决日常生活中的问题。"《3—6岁儿童学习与发展指南》明确指出："幼儿科学学习的核心是激发探究欲望，培养探究能力。"如何珍视幼儿生活与游戏中的独特价值，抓住随机教育的契机，培养幼儿对知识主动探究的能力，而不仅是技能的传授，是开展幼儿园幼小衔接的重要原则。支持幼儿实际参加数学活动，使他们能感受到运用数学方法解决实际问题的乐趣，在获得数学方法的同时激发对数学的兴趣，为其更好地适应小学、喜欢小学打下坚实基础是本次活动的起点和终点。

二、案例目的

1. 让幼儿能交替使用一个长度单位进行骑行车道宽度的测量。

2. 让幼儿能用不同方法验证自己的猜测，发现测量结果与所用长度单位之间的函数关系。

3. 支持和鼓励幼儿与他人交流，分享探索和发现的快乐。

4. 让幼儿在测量的过程中保持耐心、细致，不怕困难，勇于坚持。

三、过程与实施

情景一：怎么撞车了？

在户外游戏的时候，教师开展了"骑小车"的游戏活动，孩子们兴高采烈地选择自己钟爱的那辆小车开始了游戏活动。游戏初期进行得非常顺利，每个幼儿都骑车往返于终点和起点之间，突然一阵争吵声响起了：

"你骑车的时候能不能躲我的车远点？"

"我在车道里呢，你应该往那边骑。"

"我也在车道里呢，就是你的车撞的我的车！"

"你的车撞的我的车！"

两个人的争吵声瞬间引来了很多小朋友观看，我也走了过去。

"苏老师，他的车先撞的我的车，我的车没有去他那边！"

"苏老师，不是的，是他的车撞的我的车！"

"苏老师，这个车道太窄了，装不下两辆车。"

……

两个人你一言我一语地争执不下，旁边的小朋友也在不停讨论着：

"苏老师，上次我们也撞在一起了。"

"苏老师，这个车道肯定太窄了，应该换一下车道。"

"那你们怎么知道车道窄了？"

"我们量量不就知道了。"

"用尺子把小车，还有车道都量一下呗。"

"对，我们来量一下，看看哪辆车合适。"

听到这句话的小朋友都觉得这个想法太有意思了，纷纷表示要一起来量一量，于是一场关于车辆和车道的测量活动开始了。

分析：

突发的一个"交通事故"引发了幼儿对于车道和车辆宽窄的思考，怎么知道宽窄呢？幼儿基于丰富的学习经验，自发地想到了要用测量的方式来寻找答案，教师敏锐地捕捉到幼儿对于测量的兴趣，为幼儿提供操作和体验的机会，大大提高幼儿探究的兴趣和欲望。

看见游戏　发现成长

情景二：车比车道宽？

第二天，我和孩子们一起来到了放小车的"停车场"和车道旁，开始准备量一量。可是正当我们准备量的时候，新的问题出现了："用什么工具来量车和车道呢？"

"我们班有积木，之前用它量过桌子。"

"还可以用尺子，爸爸就用过。"

"我们可以用玩具呀。"

最后，经过思考后，大家找来了很多工具，有的拿来了积木，有的拿来了竹节棍，有的拿来了水彩笔，开始在车辆和车道旁不停地测来测去。经过一段时间后，孩子们对于第一次测量车辆和车道有了很多不同的答案。

"我用积木量的车道用了10块积木。"

"我用竹节棍量的车道用了18根。"

"我用水彩笔量的车道用了15根。"

……

听到小朋友分享的答案后，大家惊喜地发现得出的结论是不一样的，于是大家又开始思考这么多答案到底哪个才是对的呢。

"肯定是我的对，因为我的积木是连着的，都没有分开。"

"我的也对，我的水彩笔是插在一起的，像一根棍一样。"

"那为什么答案会不一样呢？"

"因为用的工具不一样呀。"

"积木长所以用得就少。"

"水彩笔短用得就多。"

"这么多答案，到底车道能装下哪辆车呢？"

"我觉得我们需要把工具都换成一样的，这样量出来的答案才是一样的。"

"对，我们选一种材料来测量吧。"

……

大家通过筛选后一致决定用积木来测量车和车道，看看到底哪辆车适合在车道里骑。经过再次操作后，幼儿用积木测量车辆的宽度为12根，12根的车辆宽度比10根的车道宽度大，所以我们把车道增宽了一些。

分析：

在探究初期，在"测量工具"的选择上，幼儿能够迁移自身已有的知识经验，例如选择"积木、玩具、尺子"等自然物来进行测量活动，自然物作为非标准测量物的出现，也大大增强了游戏活动的趣味性，让幼儿逐渐有了测量单位的概念。当出现测量物不同测量结果也不同的时候，幼儿通过观察分析，发现测量物和测量结果是反向结果，如"测量工具越长结果越短，测量工具越短结果越长"等现象，这也进一步让幼儿的测量经验不断得到丰富。

情景三：怎么又撞车了？

调整后的第三天，班级又开展了"骑行小车"游戏，大家看着调整好的车道，纷纷表示这次终于不用再撞在一起了，可以开心地骑车了。孩子们快速地找到了自己喜欢的车辆，开始了游戏。

可是游戏进行没多久，"骑车事故"再次发生了……

"苏老师，我们怎么又撞在一起了？"

"苏老师，他骑的车又撞到我的车了。"

"苏老师，我的车也是在车道里骑的呀。"

听到争吵声后，所有的幼儿又来到了车道旁，各个不知所措的样子，到底怎么回事呢？明明我们已经把车道增宽了呀，为什么还是撞车了呢？一个个的问题，像是雨点一样落在了孩子们的脑袋里，大家都在思考到底怎么回事。

"苏老师，我们是不是上次量错了？"

"为什么会撞车呢？"

"我上次量的是那边的车，你们骑的车不一样。"

"对，你们换一辆车就行。"

"那个车，我不喜欢，我就想骑这辆车。"

"我们没有量这辆车。"

……

孩子们不停地讨论上次测量的结果，突然发现了一个非常重要的问题，上次我们测量的车只是"停车场"里的一辆单人车，还有很多不一样的车没有测量过。到底幼儿园里还有哪些车需要测量呢？我们开始寻找……

"我发现了单人车。"

"这是双人车。"

"这是单人的平衡车。"

"这是双人的平衡车。"

"这是独轮车。"

大家通过努力地观察和寻找，终于把幼儿园里所有可以骑行的车子都找到并放在了一起。

分析：

随着幼儿能力和年龄的增长，遇到问题不只是会求助老师，还会在现象中找寻问题的来源，从而思考解决办法。当再一次的"交通事故"发生后，通过回忆第一次测量的过程，发现自己随意测量的车辆不能代表所有"停车场"里的车，基于问题的产生，幼儿对"幼儿园里到底有什么车"而进行了思考和观察，进一步推动幼儿对"幼儿园所有车辆"与车道哪个宽的探究活动。

情景四：哪辆车最宽？

当大家把所有的车子都找到后，吃惊地发现原来幼儿园有这么多不同的车，那我们到底需要测量哪辆车呢？针对这个问题，幼儿开始了再一次的讨论。

"我们应该量双人车。"

"我们应该量不同的车。"

"我们应该量最宽的车。"

"这些车里到底哪辆车最宽呢？"

"我觉得这辆双人骑行车最宽，因为它是双人的。"

"我觉得是这辆双人的平衡车最宽。"

"我觉得双人车肯定比单人车宽，要量双人的。"

……

孩子们通过自己的观察，对在场的不同车辆进行了筛选，最后都决定要测量双人车，其中包括双人骑行车和双人平衡车。

"这辆双人骑行车用了24块积木。"

"这辆双人平衡车用了20块积木。"

"到底哪辆车最宽呢？"

"是这辆双人骑行车最宽。"

"那我们的车道需要调整吗?"

"需要,车道是12块积木,这辆车是24块积木,还得增宽一些。"

"对,这样就可以让所有的车都在车道里骑行了。"

于是,我们按照最宽车辆的宽度又一次把车道增宽了,孩子们看着新调整的车道非常开心。这次终于让车道可以装下幼儿园里所有的车啦,我们就可以安全骑车啦。

分析:

幼儿在观察的过程中,通过目测式的测量方法,首先辨别出单人车和双人车的不同,其次通过自然物的测量后,发现测量的单位是不同的,也是让幼儿从目测测量慢慢走向更为准确的自然物测量的过程,从而更好地积累幼儿对于测量方法的经验。

四、案例反思

(一)"你要——我要"的转变

对户外游戏活动中遇到的真实问题——车道有多宽,幼儿产生了浓厚的兴趣,由此引发的测量活动是从幼儿真实且有意义的需求出发的。珍视幼儿在游戏与生活中的独特价值,将"解决真实问题"作为活动的背景,在很大程度上激发了幼儿参与活动的兴趣,实现了由教师主导的"你需要获得测量经验"到幼儿主动的"我需要用测量解决问题"的转变。

(二)"我想——你可以"的支持

《3—6岁儿童学习与发展指南》中明确指出:"支持、引导幼儿学习用适宜的方法探究和解决问题。"过去教师面对幼儿的问题时,会将自己思考的方法直接告诉幼儿,或者自行根据现象及时调整,然后为他们准备好所有的工作,幼儿只需要按照教师提供的场地或者环境去操作就可以。然而在新课改的理念下,教师思考在前、观察始终、支持在后,把学习的主动权交给幼儿,让幼儿做学习的主人,让幼儿在亲身体验和实际操作中发现问题、主动思考、努力尝试解决生活中的问题,这样的学习方式虽然耗时、费力,然而在这样的过程中,幼儿的观察力、想象力、思维力、交往能力等都得到了不同程度的提高和发展。教师敢于放手、善于观察,以参与者、引导者、支持者的身份助推活动的发展,更容易让幼儿自由发挥对活动的思考,更有助于活动的推进和探究。

（三）"学习——生活"的思考

在持续和开放的小组体验与探索中，在通过运用多种测量工具对全幼儿园车距测量的多次活动中，幼儿发现了自然物的长度和测量结果数量之间的反向关系，初步了解计量单位越小包含的单位数量就越多，反之则越少的关系。测量是生活所需的数学技能之一，如何更好地让学习到的经验服务于幼儿生活，让学习生活化、生活学习化呢？这也将是教师下一步的思考方向，将幼儿园课程生活化，也是使幼儿在经验、能力和精神等方面得到全面、协调、有效的发展的重要途径。

"兵幼音乐节"诞生记

陈 熊

一、案例背景

在开学初,幼儿可以选择自己最感兴趣或者最擅长的一个区域出谋划策。在活动中,他们能很好地借助已有经验,运用分工、协商、合作形式完成游戏内容。新的学期开始了,孩子们在表演区对鲜明且有特点的音乐和舞蹈具有浓厚的兴趣,节奏性活动尤其受到了孩子们的喜欢。又到了区域活动,李致言说:"周末爸爸妈妈带我参加了一个室外音乐节,超级好玩,很多乐器和演员一起,观众也很多。""音乐节""户外表演"这些新鲜词、新鲜玩法一下吸引了小朋友,也同样吸引了我。以往的表演活动不是在班级里开展,就是在多功能厅开展,户外演出还真是没开展过。除了地点的变化,"音乐节"这种将乐器、舞蹈、歌曲融合在一起的表演形式,面对这从未有过的挑战,他们会发生哪些故事呢?关于"音乐节",他们了解多少呢?

小波说:"音乐节不能在班里开,我们要开草坪音乐节。"

"对,音乐节就得在户外开才好玩。"妍妍说。

小米说:"对,都是在户外玩,我见过的音乐节都是在户外开展的。"

孩子们一致认为音乐节就得在户外开,于是我们集体去寻找幼儿园可以开户外音乐节的场地。

"你们来看,这里合适,这里一片草地很适合。"沐沐大声地说。

"我觉得青青草原也不错,还有高有低。"

一次偶然、一次学习,又是一种惊喜,"音乐节"深深

地吸引了孩子们，由此也提出了"要开音乐节"的需求。我以"在哪儿开"进行设问，孩子们结合已有经验出谋划策，针对"选址"这一重要问题，通过召开儿童会议，倾听孩子们的声音，了解他们对于"音乐节"的前期经验和想法，引领其在实践中获得发现问题、分析问题、解决问题的能力。经过尝试后，他们发现"青青草原"有"鼓包"，不太适合跳舞；还有滑梯，站位不好调整等问题，因此选择了比较空旷的草坪作为场地。孩子们还会遇到哪些问题呢？还会发生哪些故事呢？

二、案例目的

1. 让幼儿能用乐器、律动或者简单的舞蹈动作表达自己的情绪。
2. 引导幼儿制订"音乐节"游戏计划，鼓励幼儿自主确定任务分工并有计划地完成，有一定的责任感。
3. 让幼儿能为表演选择和搭配简单的服饰、道具或者布景。
4. 让幼儿愿意与他人讨论问题，能有序、连贯、清楚地讲述一件事情。
5. 让幼儿积极参与艺术活动，有自己比较喜欢的活动形式。

三、过程与实施

情景一：这是草坪音乐节！

确定完场地之后，孩子们便跃跃欲试，每天都沉浸在关于"音乐节"的讨论中……那"音乐节"到底应该怎么开呢？孩子们会有哪些想法呢？

希希说："一帮人拿着什么乐器啊，开始演奏。"

妞妞说："演奏乐器的和唱歌的同时表演。"

小洋说："下边的人会站在周围跟着一起唱，就很舒服。"

哼哼说："有唱歌、跳舞的。"

"而且我发现每一场音乐节都有它专属的名字。"青青说。

孩子们从搜集的"音乐节"视频里，很快捕捉到有关"音乐节"的游戏内容、游戏材料及基本的游戏形式，进一步丰富了"音乐节"的有关经验。

"视频中有'草莓音乐节''草原音乐节''元气森林音乐节'。那我们的音乐节要起一个什么名字呢？"果果提出了疑问。

"大一草坪音乐节。"

"爱心音乐节。"

"'快乐音乐节',因为音乐能给我们带来快乐。"

"'兵器幼儿园草坪音乐节',这个怎么样?"

"这名字也太长了,那'兵幼音乐节呢'?"

分析:

经过一轮的投票,"兵幼音乐节"这一名字以31票的高票通过。在解决取名字冲突时,幼儿既能倾听同伴的想法,又能大胆表达自己的观点。遇到矛盾和冲突时,能采用已有经验——"投票"来解决。确定完活动名称后,教师对"开音乐节需要准备哪些道具?""第一次演出这么多人,该怎么分工合适呢?"进行设问,鼓励幼儿调动已有经验——采用分工合作来解决。幼儿在自主游戏中,对音乐节的游戏形式、道具有了一定的了解,现阶段还是游戏的初期。那接下来,孩子们对游戏内容会有哪些新想法呢?又会遇到哪些新挑战呢?

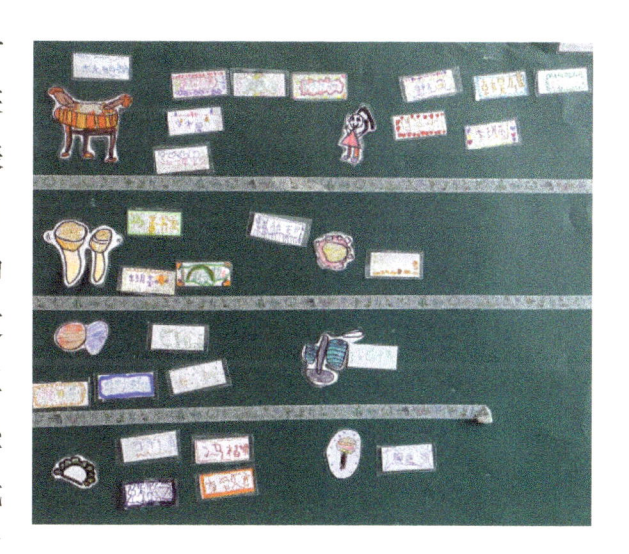

情景二:"音乐节"还是"噪声节"?

经过前期的讨论,对"音乐节"的形式、道具和内容,孩子们都有了一定的了解。满心期待的"兵幼音乐节"展演就要开始了,孩子们穿着服装,按照前期的计划拿着专属自己的乐器,兴高采烈地开始了自己的表演。

小雅开始报幕:"我们的'兵幼音乐节'马上就要开始了,今天由我们为大家演唱。"

伴随着音乐,孩子们的歌声、乐器声也跟着响了起来。咚咚咚、叮叮叮……"书宏你的鼓声太大了,根本听不见我的乐器声。"轩轩说。

书宏说:"我的鼓声不大啊!果果说听不到我才敲这么大声的。"

洋洋说:"萱萱,三角铁不应该现在敲。"

看见游戏　发现成长

小雅说:"哎呀,你们都别敲了,这也太吵了。"

桃子说:"是啊,是啊,我都听不到他们唱的是什么。"

孩子们越表演越激动、越来越兴奋,完全沉浸在自己的演奏中,很快就遭到了其他班级孩子的投诉。就这样,我们的第一次"演奏"在"投诉"中夭折。回班后,我用"那为什么会这样呢?"进行提问,引导幼儿共同分析原因。

书宏说:"由于太激动,忘记节奏了。"

毛豆说:"害怕听不见,就使劲敲。"

伯郅说:"演员间没有配合。"

孩子们通过讨论很快分析出了原因,他们纷纷表示可以不断提高自己的游戏水平,同时对于"合作"的意义有了更深的理解。

分析:

孩子们的第一次演出,由于兴奋和激动大于"演出",同时也缺乏户外演出的经验,歌声、鼓声等声音混成一片,有一种"听取蛙声一片"的感觉。我将游戏中遇到的问题带回班级,和孩子们展开分享和讨论,一下子引起了话题共鸣。在分享时,我借助现场游戏视频,让参与和没有参与游戏的幼儿能够更加直观地了解"观众"与"演员"的矛盾冲突点,并通过提问启发幼儿积极思考如何解决问题。在互动中,幼儿共同讨论寻找策略。首先,不仅要分工,还要有合作,虽然每个人都分了不同的乐器,但是乐器和乐器、演员和演员之间也要进行配合;其次,还得按照节奏、节拍来进行演奏;最后,减少非固定音高的鼓、镲等乐器的数量。梳理后,我们一起将这些好方法用图文并茂的方式进行记录,经过两次的磨合,孩子们很快就掌握了"音乐节"的游戏方法。正当孩子们玩得兴奋时,新的问题又出现了。

情景三:我不想每天都搬乐器

"兵幼音乐节"在孩子们热情高涨的筹备中,如火如荼地开展着……也受到了"观众们"的一致好评。但很快,孩子们又发现了新的问题。

"快点!快点!音乐节马上就要开始了。"美美向正在拿乐器的同伴大声地喊道。

"马上,我这就下来。"致言从楼梯上噔噔噔地跑下来,气

喘吁吁地说。

牛牛说："我这次想用双响筒。"

小伟说："太累了。我都跑好几趟了。"

圣雅说："这次我想当主唱，我想穿大裙子。"

舒畅说："不行，你穿着大裙子上下楼梯太危险了。"

圣雅说："主唱就得穿大裙子。"

伯郅说："要是能把乐器、衣服都拿下来就好了。"

分析：

在区域分享时，孩子们把发现"每天搬乐器比较麻烦"的问题和"要把班级的乐器和服装都拿到楼下去"的想法，向全班小朋友提了出来。没想到一下子引发了所有小朋友的共鸣。于是我针对"乐器、道具放在哪里？"进行提问，引导幼儿迁移已有经验进行讨论、分析、实地观察，确定了相应的位置。道具的不便利成了孩子们游戏中的障碍，孩子们能自主发现，积极思考，并不断地与同伴进行讨论和交流，从而进行运用，表现出他们在"合作化"的学习方式中的进步。随着孩子们游戏的不断升级，"音乐节"的道具也越来越丰富，我们还结合游戏主题进行了场景布置。

情景四：我不要在外边换衣服

"终于不用每天搬来搬去，这可太省事儿了。"感受到把乐器和道具搬到楼下的便利后，孩子们提出要把服装也搬到门厅，还没实施两天，孩子们又遇到了新的问题。

"我还是不换了吧。"沐沐不好意思地说。

"没事，你换吧，没人能看到。"豆豆说。

沐沐继续说："可是我妈妈说了不能随便在外面换衣服。"

豆豆说："我们是假装换呢，又不是真的全脱了再穿。"

……

大家都在等着演出开始时，沐沐和豆豆正吵得不可开交。我走近了解到，原来是沐沐觉得

看见游戏 发现成长

不能在室外换衣服，而产生了争论。当孩子产生这样的情绪时，作为老师的我也在思考，大班的幼儿开始对隐私有了一定的安全意识，我们演出的场地在操场上，孩子们换衣服的地方也在公共的地方。于是，我对豆豆说："那先不换了。""沐沐今天的衣服也很帅。"但在演出结束后，我们把今天的问题告诉了全体小朋友，于是大家又开启了一次头脑风暴。

致言说："我们回班换衣服吧！"

圣雅说："不行，那不就和原来回班取乐器一样了吗？很耽误时间。"

伯郅说："我们支个帐篷吧！就像我们之前阅读活动时用的帐篷。"

佩宸说："我同意，我觉得在帐篷里换衣服，谁也看不见，很安全。"

圣雅说："我觉得有些麻烦。"

美美说："对，进帐篷还要脱鞋，我的鞋穿起来很紧，会耽误时间。"

羿鸣说："要不我们用万能工匠搭一个吧！就像户外玩投掷的那个，中间是空的，运动会的时候我们在里面钻来钻去，很好玩。"

羿鸣的提议得到了全体小朋友的认可。孩子们果然是行动派，你来拿棍，他来拿饼，独一无二的换衣间就这样拼好了。

分析：

正当孩子们沉浸在道具调整后的便捷时，一句"我不想在外边换衣服"打破了宁静。大班的幼儿已经有了性别意识，他们开始注重保护自己的隐私。而门厅的更衣区是一个开放的空间，每次换衣服都需要面向大家。《3—6岁儿童学习与发展指南》指出："儿童社会性的发展有情境性的特点，特定情境才可能发展与此相对应的社会行为。"因此，我以此为契机开展一次性别教育的主题讨论。孩子们针对在哪些情境下可以采用哪些方法保护自己的隐私提出了很多的方法和策略，也让我有了意外之喜。在解决"需要一个可以换衣服的隐秘的地方"时，孩子们能运用已有经验，采用万能工匠齐心合力一起建构"安全屋"来解决。这体现了"游戏来源于生活，又服务于生活"的理念。

故事五：为什么观众不和我们一起唱？

"兵幼音乐节"持续了一个多月的时间，我们班的小朋友也成了幼儿园里的"明星人物"。我以为孩子们会沉浸在这种喜悦中不能自拔。没想到，孩子们能迁移已有经验，提出更高的要求，将游戏推入另一个深度。

致言说："豆豆老师，我发现了我们的音乐节和我看的音乐节不一样。"

小优说："哪里不一样呢？"

天琪说："我们唱的歌，他们都不会唱。"

文轩说："那真正的音乐节是什么样的呢？"

致言说："音乐节就是应该大家一起唱的。"

毛豆说："那你的意思是我们需要唱大家都会的歌吗？"

兮兮说："对，但我觉得我们还需要一张节目单。这样大家就知道我们要唱什么，他们也可以提前学习。"

活动预告的推出，让更多的人能够清晰地了解我们"音乐节"的内容，他们可以根据自己喜欢的曲目进行互动、合唱或者表演，让其他班级的幼儿从被动地跟随到主动地选择。

小雅："那怎么知道小朋友都喜欢听什么歌和唱什么歌呢？"

演出几次后就发现，光有人数上的热闹，大班小朋友会唱，小班、中班的小朋友不会唱只是站在那里怎么办？原来让全园小朋友都能一起互动，我们需要唱大家会唱的歌。我们借助前期经验调查小班、中班及其他三个大班的小朋友们最喜欢听什么歌。经过调查，孩子们利用区域游戏的时间进行学习。希望下次"兵幼音乐节"有更多的小朋友自然地加入游戏。

分析：

"兵幼音乐节"已经开始了一段时间，孩子们对"音乐节"有了更深入的了解，今天他们

看见游戏　发现成长

发现了我们的"音乐节"和现实版的"音乐节"在观众的表现上不一样。他们很诧异"为什么观众不跟我们一起唱歌",基于此问题,我们便开始思考如何调动观众的积极性,让我们的音乐节能够跟现实版的音乐节"一样"嗨。

因此孩子们打算对"音乐节"的游戏内容进行调整,更新一些"弟弟妹妹"喜欢的节目,同时通过迁移已有经验——制作海报进行宣讲,便于观众提前了解节目,从而提高观众们的参与度。在调查过程中,孩子们能自主设计调查表,迁移分组经验对小班、中班及其他三个大班的幼儿进行调查,了解他们最喜欢的歌曲是什么及现有的节目中哪个受欢迎的程度最高,这样的调查结果可以有效地解决孩子们的问题。同时,孩子们在现场也积极鼓励观众可以根据自己喜欢的曲目进行互动、合唱。果然,通过孩子们的宣讲会,将"兵幼音乐节"再一次推向了高潮。

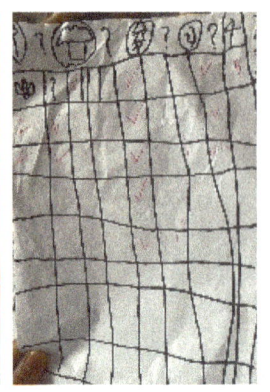

故事六:大四班的小朋友也想唱怎么办?

正当音乐会如火如荼地开展时,大四班一名女孩子走过来说:"我能跟你们一起唱吗?"
"当然可以了。"圣雅说。
大四班女孩说:"可是,我想唱《小小少年》。"
圣雅摇摇头:"但是,今天的节目单上没有《小小少年》。"
大四班女孩说:"那什么时候可以有《小小少年》?"
圣雅说:"那你得先把节目单画下来,贴在海报上才行。"

大四班女孩的想法,为更多观众打开了思路,大家都想加入"兵幼音乐节"的活动当中。而圣雅的做法也打破了传统的节目单的形式。很快全园的小朋友们都带着自己想表演的曲目来到节目预告单前,节目单变成了长长的一串。但是时间是有限的,越来越多的节目根本就演不过来。这可怎么办呢?针对这个问题,演出后,孩子们又召开会议,一起来讨论解决。

轩轩说:"我们可以试试30分钟大概能唱几首歌。"

伯郅说："这个想法很好，这样我们就知道除了我们要唱的，其他班能唱几首歌了。"

乔乔说："那行，明天区域活动的时候我们试试。"

经过讨论后，最终确定"兵幼音乐会"每次演5首歌曲。于是我们将节目预告单进行了调整：将准备演的曲目贴在了上面，留出空余的位置是给其他班级小朋友准备的。

分析：

节目更新后的"音乐节"果不其然地增强了"观众们"的兴趣，"观众和演员一起唱、一起表演"的创新形式也提高了节目的互动性，但"观众们"的临时加入，打乱了我们的计划。被打乱计划的孩子们又该如何化解呢？于是，我们利用演出之后的分享、交流来帮助幼儿梳理经验、激发思考，不断深入游戏。他们借助已有经验进行迁移，去解决他们在游戏中的问题——制作大家的节目单，使节目单从"大一班的节目单"衍生出了"全园小朋友的节目单"。随着更多小朋友的加入，节目单也越来越多，孩子们遇到了时间不够用的问题。随着他们不断地计划—实施—调整，他们对时间的概念有了更深的认知，也能更加合理地计划时间。从"小我"到"大我"的递进，孩子们合作化的学习方式得到了凸显，在一定程度上也促进了幼儿的社会性发展。

番外篇：音乐节还应该有……

"还可以有很多装饰物啊！"恩竹说。

豆豆说："还可以提供水。"

洋洋说："还可以有头饰。"

天天说："还有以前在表演区用到的小手掌。"

我说："小手掌我们班有，那水和头饰哪里有？"

乐乐说："超市，兵幼超市里有卖头饰。"

洋洋说："水吧里有好多种水呢。"

果果说："那我们就可以像在游乐园一样，把东西都摆出来，这样大家想喝什么，就可以去水吧买了。"孩子们越说越兴奋。

我说："那真是太好了，那怎么才能让大家知道我们的需求呢？"

轩轩说："可以去邀请他们加入我们的游戏，这样肯定更好玩。"

这样的游戏机制从未有过，真是"一场艺术表演和休闲活动的完美结合"，敬请期待吧。

四、案例反思

（一）"旧"与"新"的转变

表演游戏是幼儿根据文艺作品中情节、内容和角色，通过语言、表情和动作进行表现的一种游戏，集想象、创造于一体。虽然"音乐节"是个新鲜的词，对于孩子们来说也是一个"新游戏"，但是，我认为，"新"是一种游戏形式，游戏的内容、前期的经验，对孩子们而言还是非常丰富的；"新"是一种教育理念，是一种由教师发起向儿童发起的转变、由教师主体向儿童与教师双主体的转变，教师作为参与者、合作者和支持者的角色依旧没有改变；"新"是教师的教育意识的转变，是教师"相信儿童是有能力的学习者"的意识的转变，同时，教师起到的支持作用依然能很好地支持幼儿游戏。幼儿呈现在游戏区中的符合情节的场景布置、海报、节目单和按需准备的其他道具，让"音乐节游戏"变得独一无二，幼儿的体验性更强，摆道具时幼儿获得了方位和空间的认知，一起游戏时交往能力和语言交流能力得到提高，一起分配角色时幼儿的归属感、自信心增加，解决问题时幼儿的探索、发现，分析问题时的语言表达、语言逻辑能力有了更大的提升。他们参与其中、乐在其中、学在其中。

（二）"我"与"我们"的递进

整个游戏活动，以"幼儿"为主体，他们召开了多次儿童会议、主题讨论，并采用了讨论、投票、实验等方法，这充分体现了幼儿在游戏中的主体地位。自发的游戏内容（开展"兵幼音乐节"）—自己发现游戏中的问题（配合不好就是噪声、楼上楼下搬玩具太麻烦、换衣服没有私密空间等）—自主解决问题（相互配合、区域联动建构"安全屋"），在这个过程中幼儿不断地进行经验的迁移，不断地进行同伴合作、深入学习，其发展不是在表演能力方面，而是在全面能力方面。《3—6岁儿童学习与发展指南》的艺术领域指出教师应创造机会和条件，支持幼儿自发的艺术表现和创造（用身体动作来表现）。营造安全的心理氛围，让幼儿敢于并乐于表达表现（自发决定内容行为表现）；社会领域指出引导幼儿游戏计划，鼓励幼儿自主确定任务分工并有计划地完成，有一定的责任感（制作节目单、海报、去各班级进行宣讲）；科学领域指出培养幼儿敢于探究和尝试的学习品质，在表演游戏的时候孩子们能够自己动手动脑寻找解决问题的方法（通过计划、实施对安全屋进行调整，最终建构了既能方便进出，又具有隐秘性的安全屋）。在整个活动中，都是在"我"（幼儿）和"我们"（同伴、教师）中完成，充分体现了大班幼儿的合作化共同学习的方式，其上学所需要的社会交往、自我调控、规则意识、专注坚持等关键能力得到进一步提高。

（三）下一步支持策略

游戏中幼儿之间的合作常常会带来积极愉悦的效果，这种效果可能会成为培养幼儿社会交往能力重要的奠基石。在游戏活动中，让幼儿在合作创作中体验快乐，在探索游戏活动中得到发展。如在演出中出现"不愿意在外边换衣服"的矛盾时，我以一个参与者的身份，通过语言的支持和引导，让幼儿感受"合作"是基于尊重，让幼儿掌握与其他孩子合作的策略。同时，在活动的最后，孩子们不仅能将这种合作关系建立在自己班级中，也尝试与幼儿园其他班级的小朋友合作演出，这也许就是一种最好的教育。

1．珍视幼儿自发的游戏内容，鼓励幼儿自主选择同伴、道具，促进幼儿获得自主游戏的快乐。结合班级主题拓宽游戏内容，确定有主题的"音乐节"，比如现阶段结合近期主题活动开展相应的"毕业音乐节""兵幼红歌会"等。

2．继续尊重幼儿在游戏中的主体地位，让幼儿获得作为"思考者""问题的解决者"，以及"决策者"的自信。

关于毕业……

薛　欢

一、案例背景

大班的最后一学期，毕业季如约而至，孩子们谈论的话题都与毕业息息相关。东东说："妈妈和我说再过一段时间我们就要从幼儿园离开了。""可是我好喜欢我们的幼儿园，我还没玩够呢！""我喜欢这里的小朋友和老师。""幼儿园里的索道玩具是我最喜欢的，它太酷了……""我感觉我还有好多事情没有做呢！""对啊！我也想做……"一句"还有很多事想做"，打开了孩子们的话匣子，也拉开了毕业季活动的序幕。其中，为幼儿园制作礼物的想法，得到了大家的响应，通过前期沟通和交流，最终幼儿想把幼儿园里的东西都画出来，做一张兵幼地图留念。这场由"教师主导"转向"幼儿主导"的制作地图的活动，孩子们会有哪些想法呢？会遇到哪些挑战呢？又会怎样解决呢？我们一起来看看吧！

二、案例目的

1. 让幼儿对毕业季活动感兴趣，愿意与他人讨论问题，敢在众人面前有序、清楚、连贯地讲述自己的观点。

2. 让幼儿能与同伴和老师合作制订"毕业季"的活动计划，并能通过数字、图画、图标或其他符号进行记录。

3. 让幼儿能用多种工具、材料或不同的表现手法表达对幼儿园、对同伴、对教师的留念，以及对小学的想法。

4. 让幼儿在兵幼大调查活动中发现问题、分析问题、解决问题，在观察、比较、分析中能与他人友好合作交流。

5. 让幼儿愿意用数学的方法尝试解决生活和游戏中的问题，体验解决问题的乐趣。

6. 让幼儿萌发喜欢上小学的想法，做好进入小学的各项准备。

三、过程与实施

情景一：关于毕业我想……

随着主题活动的开展，"毕业"也逐渐成为孩子们的热门话题。5月，孩子们策划并实施了"嗨玩运动 喜迎六一"的运动会，在运动会游戏的设计、材料的选择、海报的自制、活动的邀请等环节中，孩子们的自主意识和能力得到了进一步的提高。关于毕业，孩子们会有哪些想法呢？于是，我们开展了"关于毕业，我们都想……"的第一次儿童会议。

崇崇："我想和我的好朋友们一起坐在幼儿园里聊聊天，就像野餐那样。"

果果："我想尝尝我们开锄节时种下的种子，现在已经长出果实了，而且在我们的悉心照顾下，它们长得特别好。"

小小熊："我想和大班所有的小朋友一起进行一次水枪大战，那一定会特别有趣。"

盛夏："我想送给幼儿园一幅画，等我们毕业后，大家看到它就会想起我们啦！"

妞妞："我想找到曾经教过我的老师们一起合张影，是我们的全家福。"

葵宝说："我想再看看我们的幼儿园，高高的古树、长长的索道、陪伴幼儿园很久很久的石狮子，还有……"

一一说："我想给人家都送礼物。"

……

通过儿童会议，孩子们"关于毕业的想法"聚焦在：玩一场自己喜欢的游戏、与自己喜欢的人合影、深度游幼儿园、制作一份礼物这四件事。会议后，孩子们便

29

看见游戏　发现成长

开始迁移已有经验，制订活动计划……

情景二：原来幼儿园有这么多地方，要是能有一张幼儿园的地图就好了

制订完计划后，孩子们便开始分组开展"毕业想做的事"实践活动，每天午餐前，我们都会交流感受。这天，参与幼儿园深度游的小朋友开始和全体小朋友分享。

小小熊说："幼儿园里有一棵核桃树，就在中二班的后面。"

玉米说："园长办公室在二楼。"

蹦蹦说："老师也有图书区，在小熊老师办公室旁边，那里很大，有很多图书。"

登登说："姜老师现在不带中班了，她带小一班的孩子。"

大宝说："幼儿园里的厨房特别干净。"

辰辰说："咱们这个是南楼，只有中大班的孩子。那边的小楼是北楼。"

"南楼、北楼，是不是还有东楼……"

"你知道幼儿园边上有多个栅栏吗？我知道，有31个。"

"你怎么知道的？""有31个吗？这么多？""真的有这么多吗？""那幼儿园里有几栋楼？""幼儿园里有几棵树？"……

孩子们纷纷诉说着深度游的发现与惊喜，这时梦梦打断他们的话，说道："哎，原来幼儿园有这么多地方，要是能有一张幼儿园的地图就好了。这样大家能知道幼儿园里都有什么，我们就可以更好地规划游戏路线了。"

"对啊！要是有张地图就好了。"

"是啊是啊！这样就能让更多的人了解我们的幼儿园。"

"还可以玩拿着地图寻宝的游戏。"

每次的分享不仅能培养幼儿有序、连贯、清楚地当众表达自己在毕业季活动中的发现和感受，也能在很大程度上通过同伴、教师的力量拓展和丰富新内容。"设计一张兵幼地图"就在

深度游小组的分享后产生，源于幼儿的真实发现和需要。孩子们对地图了解有多少呢？他们在设计地图的过程中会遇到怎样的困难和挑战呢？

情景三：我们想做一张地图——什么是地图

自从上次孩子们提出要做一张兵幼地图后，他们就开始热情高涨。基于此，我们又开启了关于"什么是地图"的主题讨论，孩子们结合自己的经验，纷纷发表意见，为制作兵幼地图奠定了基础。

元宝说："地图就是有每个地方的位置。"

梦梦回答："地图上还有很多种颜色，比如蓝色的就是紫竹院公园里的湖！"

齐齐："地图上还有路，不同的路会有不同的标示。咱们南长河公园里就有。"

一一说："地图上会有很多标记。"

登登说："我家有中国地图，上面有每个城市的名字。"

哇噻说："北京地图上，会有长城和故宫。"

平平说："还要有道路，哪里是人走的，哪里是车走的。"

……

孩子们关于地图的经验，来源于自己见过的地图。通过总结和分析，孩子们见过的地图大约分为3种，一种是公园的导游图，一种是国家地图，还有一种是城市地图。他们虽然有一定的"认图"经验，但是"识图"的经验不足。因此，我们邀请了首都师范大学定向越野高水平运动队教练、国家定向越野裁判员——黄绍伊爸爸进入教学活动现场，从专业视角为孩子们讲述了"公园导游图""城市地图""国家地图"的区别，丰富与拓展了幼儿关于"认图""识图"的经验，为"制图"提供了专业支持。

看见游戏　发现成长

情景四：兵幼地图上有什么？

小白说："我想画一个属于我们的兵幼地图！"

"我也想，我也想……"孩子们争先恐后地附和着。

逦逦问道："可是，我们的兵幼地图上要有什么呢？"

……

"要有楼、玩具，还要有石狮子。"

"有国旗。"

"有操场。"

"传达室、大型玩具。"

"还要有每个游戏区的名字，这样才能更好分辨。"

"有自行车和平衡车。"

"有大门。"

"还有食堂、多功能厅。"

"别忘了我们还有几棵古树哦！"

"还有……"

有了对幼儿园的深度游，孩子们如数家珍地交流着幼儿园的边边角角，生怕落下一处。我们把幼儿园需要在地图上表现出来的所有建筑物、位置、树木进行了罗列，接下来就是制作地图了。至此阶段，孩子们都非常顺利，那制作过程能否这么顺利呢？

情景五：为什么南楼一会儿在左边一会儿在右边？——设计兵幼地图

随着主题谈话的深入，孩子们开启了第一次兵幼地图设计。结束后，孩子们便开始了分享。

登登："你画的是什么？我怎么看不懂？"

豆豆："南楼不应该在上边，应该在右边。"

果果："不对，南楼就应该在上边，你看这里还有国旗呢。"

豆豆："但是，北楼应该在南楼的对面啊！你这也不是啊！"

齐齐："这个是多功能厅啊！"

32

接着又有几个小朋友上去分享，结果和之前一样，大家还是看不懂。原来我们每个人的地图只有自己才能看得懂，其他人的地图也只有他自己才能明白。

"那我们的兵幼地图岂不是画不成了？"小宝情绪有些低落地说。

小小熊："我们应该画一个所有人都能看得懂的地图，只画一个，就像我们的中国地图一样，大家都看得懂。"

在设计地图过程中，孩子们对方位的描述产生了歧义。孩子们在分享环节，了解了描述位置和方向的方位语言很重要，但是对其相对性了解不足。由此可见，在空间方位的学习中，应用一定的方位词描述空间位置是一个基本要求。于是，针对此问题，我们开展了一次集体教学活动来帮助幼儿解决。

情景六：地图放在哪？

教师："我们的兵幼地图放在哪里呢？"

莹莹说："那一定是放大家都能看到的地方啊！"

芃芃说："放到我们的国旗前面吧！"

小小熊反驳道："那北楼的小朋友们还得跑过来看。"

九儿附和说："我觉得应该放到幼儿园的大门口去，这样爸爸妈妈也能看到我们设计的兵幼地图啦！而且等到他们进幼儿园参观的时候，就更加派上用场啦！"

终于有了一个让大家都认同的方案，于是孩子们在准备好固定地图的材料后，准备前往大门口去把兵幼地图展示出来。在大家的齐心协力下终于搞定啦！小小熊拍拍手说："嘿嘿！搞定！"身后来了一群围观的人在相互说着："这是什么？"

"好像是我们幼儿园吧！"

"这个挂在这里有什么用？"

"这是我们大四班送给你们的礼物，这是我们设计的兵幼地图。"

"地图是上北下南、左西右东的。"

"不用那么复杂，你可以通过南楼和北楼来区别。"

孩子们的介绍瞬间吸引了很多其他孩子，很快他们就淹没在人群里。于是，回班后，孩子们提出了要给弟弟妹妹、老师们介绍我们的地图。说完，孩子们迅速开始了分组。平时不怎么说话但是逻辑思维能力超强的菁菁，也积极参与讲述组！

看见游戏　发现成长

情景七：宣讲地图

教师："你们知道宣讲是什么吗？"

一一："知道，就是告诉大家一些事情，让大家都知道。"

教师："对，没错，就是传递信息的一种方式。那我们宣讲的内容是什么呢？"

芃芃："当然是我们的兵幼地图啦！"

教师："弟弟妹妹看不懂地图怎么办？"

莹莹："我们可以给他们讲啊！"

艾米："对啊！我们可以轮流进行讲述。"

齐齐："对！我们可以进行分工。"

九儿："等爸爸妈妈来参观的时候，我们也要给他们宣讲呢！"

……

宣讲活动的开展，让孩子们能够在多数人的面前进行发言和讲话。让孩子们进一步感受到空间方位可以帮助我们准确、详细地表明方向，也锻炼了幼儿的语言表达能力，从中更能够帮助幼儿建立自信心。兵幼地图吸引了越来越多的老师和小朋友的眼球，来参观的爸爸妈妈也为我们兵幼娃的智慧而点赞。孩子们还打算运用"地图"开展一次"兵幼寻宝大赛"的活动，很快，孩子们便又投入到筹备赛事的过程中了……

四、案例反思

（一）活动内容源于幼儿的真实问题

本次活动的内容选择，来源于主题活动开展过程中的真实问题——为什么南楼一会儿在左边一会儿在右边？明明南楼的位置没有动，是固定的，为什么在画地图的时候会变来变去呢？教师能有效抓住教育契机，看见了孩子们的兴趣，同时看懂了孩子们对"方位的相对性"的学习需求，由此引发的数学学习活动是从幼儿真实且有意义的需求出发的。

（二）操作体验，理解方位的相对性

通过真实问题情境的导入，"为什么不一样""什么情况下不一样，什么情况下一样"，在不断设问与追问的过程中，引导幼儿通过直接感知（在操场上尝试）、实际操作（发现问题、分析问题）、亲身体验（左对右而言、前对后而言）了解"方位"的相对性。在实践操作与运用中感受描述位置和方向的方位语言的重要性，它们常常是相对的。最后，引导幼儿运用

空间位置的相对性，验证幼儿园楼体的位置，为设计、制作"兵幼地图"做准备。

（三）迁移经验，运用相对性

孩子们在制作"兵幼地图"时发现了"为什么南楼一会儿在我左边，一会儿在我右边"这一问题，这也确实是现阶段孩子们在方位学习中的难点问题。整个活动通过分解式的（以主体自身为参照，去判断客体相对于主体的位置——以客体为主体，判断客体相互之间的空间关系）、结合实物对象的实地观察比较活动（在幼儿园的实践现场直接操作和体验，从以自身为中心的区分到以客体为中心的区分），帮助幼儿理解方位的相对性，满足了幼儿通过描述、命名和解释空间的相对位置并应用相对位置的概念来探索空间关系的全过程，也诠释了"活动来源于生活，又服务于生活"的理念。

（四）对幼儿差异的关注与指导有待加强

在实践操作的过程中，对个别幼儿的有效观察与指导还不够，比如芃芃小朋友，能直接利用视觉图像来表述各建筑物的位置。我将在以后的集体教育教学活动中增强自己的观察意识，提升个别化的指导能力。同时，针对"方位的相对性"这一特性，个别幼儿在理解程度上还需要继续提升。今后，我可以利用日常生活中的真实情境自然且适时地运用空间方位解决问题，适时地给予空间方位词的刺激。

此"计划"非彼计划——区域游戏计划演变纪实

马 悦

一、案例背景

游戏是幼儿最喜爱的活动，且自主性游戏最适合幼儿身心发展的需要。幼儿在游戏中通过扮演角色，促进了他们的个性和社会性的发展。而游戏前的计划是让幼儿更充分地参与游戏的必备环节，不仅能帮助幼儿完善自我计划、自我调节，还有助于养成自主、坚持等良好的学习品质。

陈鹤琴先生主张"凡是儿童自己能够做的，应当让他自己做；凡是儿童自己能够想的，应当让他自己想"，强调幼儿的主动性学习。游戏是幼儿的主要学习方式，幼儿自主制订游戏计划能有效提高参与活动的主动性。《3—6岁儿童学习与发展指南》中就提到："幼儿需要学会在成人的帮助下能制订简单的调查计划并执行。"这对幼儿计划性的培养起着非常重要的作用。计划与游戏应紧密结合，从多方面调动幼儿的参与性，提供直接感知、实际操作、亲身体验的机会，最大限度地促进幼儿的发展，我班幼儿在前期已有计划的经验，如计划是什么、为什么要计划、晚间计划、周末计划等内容，了解计划的作用与重要性。随着孩子们自主意识和能力的不断提高，他们提出了调整计划表的想法，在区域多、材料多、人员多的情况下，孩子们能成功吗？本文用儿童的视角诠释游戏与计划的链接。

二、案例目的

幼儿学习做计划和反思，不仅有助于幼儿提高自我计划、自我调节和自我评价的能力，还有助于幼儿养成积极、自主、坚持、专注等良好的学习品质，这些都有利于促进幼儿的身心健康、可持续发展。对于大班幼儿来说，具备一定的计划和反思能力，可为其顺利适应今后的学习和生活奠定良好的基础。

1. 引导幼儿制订班级区域游戏计划，并按照计划有目的地游戏，增强幼儿做事的计划性。

2. 引导幼儿能主动发起有关计划的话题或在活动中出主意、想办法。

3. 引导幼儿能用数字、图画、图表或其他符号记录计划的内容。

4. 引导幼儿发现问题、解决问题。

三、过程与实施

我们的区域游戏计划表经历了游戏计划1.0——确定游戏区域；游戏计划2.0——确定游戏区、游戏内容、游戏伙伴；游戏计划3.0——确定游戏区、游戏内容、游戏伙伴、游戏回顾。没想到，在我看来计划表已经达成所有预设教育目标，孩子们却让我对"区域计划"的目标、内容及呈现形式有了全新的认识，让我再一次感受到主动学习背景下儿童强大的力量。如果您和我一样对大班幼儿的区域游戏计划还停留在培养计划性和主动性上，不妨一起来看看我们班的"区域游戏计划表"变形记，相信会给您带来全新的理解。

情景一：8个人的美劳区——3.0版回到2.0版

区域游戏时间到了，孩子们根据自己前一天的区域计划进入了自己喜欢的区域进行游戏。这天，站在离美劳区不远处的我听到了孩子们的争论声：

"你往边上一点，我都没地方坐了。"

"我也只能站着玩呢。"

"我昨天的计划就是美劳区。"

"我也是……"人家不约而同地说着自己的计划都是美劳区。为了证明自己，孩子们纷纷从柜子里拿出了自己的计划本。确实8个小朋友同时选择了美劳区。

为什么会这样呢？实行游戏计划3.0版本的时候，为了更好地支持幼儿对自我计划进行回顾，支持幼儿主动学习与发展，我们特意将计划表升级为独立的计划本。但是独立的个人计划本确实没办法让孩子们对班级每个区域有人数上的了解。为了解决这个问题，在过渡环节，我们开启了新一轮的讨论。孩子们很快迁移了计划2.0版的经验，将个人的计划调整为集体的区域游戏计划表3.0（如下图），每天每个区的小朋友人数一目了然。因此，再也没出现拥挤的现象。但是，为什么孩子们的游戏经验会出现倒退呢？计划表从3.0版回到了2.0版。在征询孩子们建议的时候，居然没有一个孩子提到3.0的升级点——回顾的环节。这不禁引发了我对

看见游戏　发现成长

回顾环节现状、目标的深思！

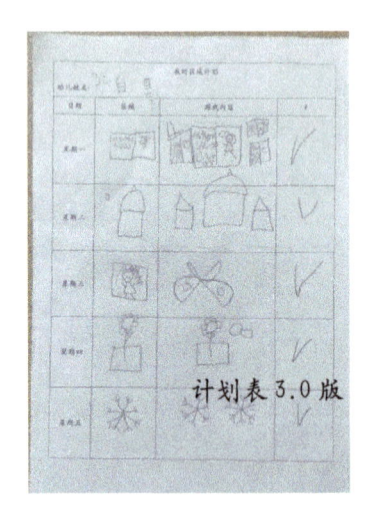

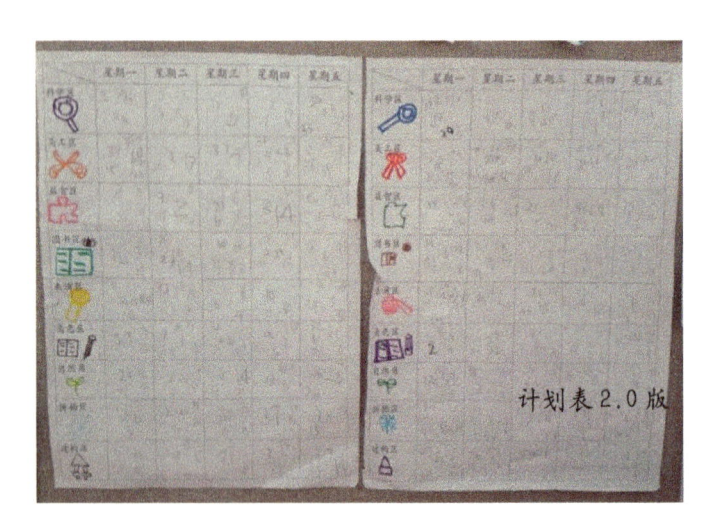

计划表 3.0 版　　计划表 2.0 版

区域分享环节只有 5—10 分钟，我们没办法关注到每一名儿童的每一个需求，因此，计划本的回顾环节，能很好地弥补缺失，帮助我们看见更多的个体。但现阶段计划本上的回顾环节，更多的是幼儿对自己是否执行计划情况的反馈。"去了吗？""去了或者没去。"它的目标指向是单一的、浅白的，就犹如区域分享环节中"玩得好不好、高不高兴"。对于大班的孩子，这样的目标指向无法支持他们的深度学习，自然就被孩子们遗忘了。那如何让计划中的"回顾环节"真正发挥其价值和作用呢？我想，我应该让孩子们更加直观地感受到"回顾环节"的价值和作用！

情景二：老是搭不完的作品——2.0 版进阶 4.0 版

场景一：

"你为什么拆我们的作品？"

"我想搭建高架桥，但是没有地方了。"

"这是我们昨天计划要修建自动停车场的。"

"可是，我不知道啊！"

……

场景二：

"我在益智区玩的拼图，那天我好不容易拼到一半了，但我今天一看，又得从头开始！"

此"计划"非彼计划——区域游戏计划演变纪实

场景三：

"哎！我本来想和豆豆在万能工匠一起拼中央电视塔，但是，等我第二天去的时候，发现材料不够了。"

听着孩子们此起彼伏的抱怨声，看着各个区域琳琅满目的"半成品"，我思考这是为什么呢？如何让孩子们的游戏得到延续和深入呢？于是，我瞬间找到了计划表中"回顾环节"的意义和价值。我迁移分享环节的经验，要让回顾有价值，那就不能是简单的评价，而是要能对游戏的内容和主题有延续、深入和拓展。因此，我决定以建构区的问题为切入点，与孩子们进行深入研讨。我向孩子们描述了自己的发现，并提出：

"如果我是今天先去建构区的，我也可能看不出你们计划要搭建什么内容，而且我有自己的游戏计划啊！"

小小熊说："我知道了，可以把我们的搭建计划画出来，贴在这里。"

豆豆说："那不行，我已经做过计划了。"

小小熊说："不是那个计划，我说的这个计划是把我们游戏后的计划画上来！"

我问："那怎么加进去呢？"

"就是这样！我给你画出来吧！"说完，明泽跑去美工区拿笔就画了起来。（如上图所示）

我　看，这计划表不就又回到了 3.0 版吗？心里暗暗发笑。我又把对整体区域人数无法明确的问题提了出来，没想到孩子们决定做一张大的计划表。综合了 2.0 版和 3.0 版的"区域游戏计划 4.0 版"应运而生（如右图所示）。在使用 4.0 版的计划表后，我看到"建筑师"在进入建构区后，在没有沟通的情况下，借助"区域游戏计划 4.0 版"在多人合力下，对昨日的作品有了更完整的体现，一个又一个的成功作品接二连三地涌现，"区域游戏计划 4.0 版"对大班合作化学习有了另一种诠释。但是，这么大的区域计

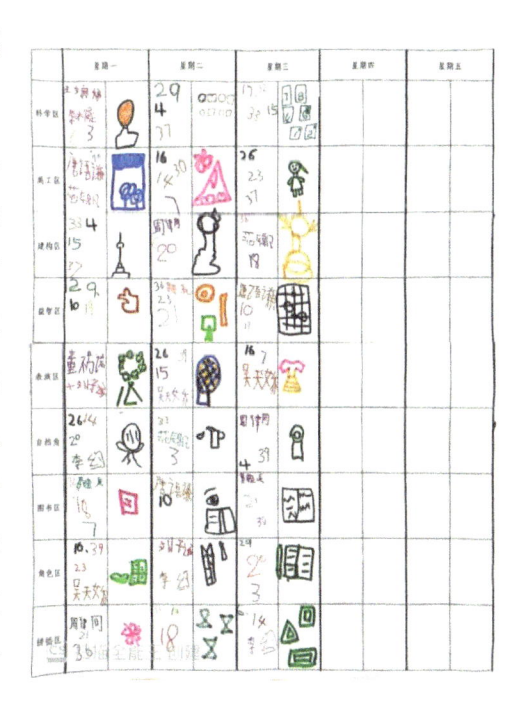

39

看见游戏 发现成长

划表，它只能放在我们的楼道墙上，因为满足空间大、位置低、无遮挡条件的只有楼道墙面。但是，孩子们在游戏时，要记住计划表中的所有内容，包括游戏区、合作伙伴、游戏内容，甚至还有游戏材料，这个难度对他们来说太大了，他们真的行吗？

情景三：需要跑来跑去——4.0版升级5.0版

没过几天，游戏计划表4.0版又遭到了孩子们的嫌弃。一次区域分享中：

"我在区域中，遇到的最大的问题是，每次都得去楼道看一下游戏的内容。"果果第一个表现出对游戏计划表4.0版的嫌弃。

"对，有时候会忘记，还得一直去。"

"我也是，我们也得总去看。"没想到一下子就引起了共鸣。

"那你们觉得应该怎么办呢？"

"不然就每一个区域一张吧！这样大家都不用跑！"

"这个好，这个好！你去哪个区，就去哪个区做计划好了。"

"我觉得这是能解决所有人需求的好办法！"

"你们可真厉害呀！那这个计划表怎么设计呢？"

"我来，我来！"随后，朵朵便在白板上给大家画了起来（如上图所示）。画完后便开始向我们介绍："一边可以写名字，另一边可以画要玩什么。"

"谢谢朵朵给我们展示的计划表，其他小朋友有什么补充的吗？"

"我觉得要加上日期，这样更清楚！"

"我觉得还得有一个格子，把我们的问题记录上，这样下一次，我就能记住了。"

"对，昨天我遇到的区域问题，大家都没来得及帮我解决。马老师本来说户外活动回来解决的。但是，后来有事，就没解决。"

于是，孩子们综合运用了1.0版—4.0版的经验，设计了"游戏计划表5.0版"（如右图所示），并增强了其教育的功效。从集体区域游戏计划表升级为能支持和拓展游戏内容的"区域里的游戏计划表"，孩子们发

区域游戏计划5.0版

40

现，区域计划表不仅能做计划，还可用来传递信息。为了更好地将计划表上的信息进行传递，他们一致决定将计划表张贴到各个区域。这样，孩子们不仅可以了解同伴的计划，还可以为遗留问题出谋划策。

四、案例反思

看似司空见惯的区域游戏计划，我们每年都做，但是从未想过它有如此多的教育价值。就像小小的儿童其实是具有强大力量的，小小的区域游戏计划，也蕴含着巨大的教育契机。区域游戏计划表，不再只是计划，它是孩子们看见同伴游戏内容、看见同伴需求、看见同伴优点的重要媒介。孩子们从为了游戏而记录，到借助计划表能更好地游戏。计划表的目标指向，不再只是"去没去、玩没玩"，更指向了"玩得怎么样、还可以怎样玩"，它成为帮助孩子们高效延续、深入游戏的法宝，从而更好地促进了他们合作化的共同学习。我们的中央电视塔在28位"建筑师"的共同努力下，耗时7天终于完成了……没想到区域游戏计划表，成了"合作化共同学习"的催化剂。区域游戏中也有了更多完整的作品，孩子们真正感受到合作的力量。从区域计划表的1.0版到如今的5.0版，我看到了幼儿的力量，理解了珍视生活及游戏的独特价值，更对自己的教育行为和策略有了更多的思考。此"计划"非彼计划，它是一次常规活动的非常规探索，当我们把常规活动内容的主动权真正交给孩子的时候，他们将带给你无限可能。

天生一对——探秘大班合作的前世今生

陈 熊

一、案例背景

"我不要和你一起，为什么要听你的？""就是，你什么都不会。""对啊！还有妞妞，什么都不会。""你才什么都不会呢！"进入大班后，随着孩子们各方面能力的提高，总是能在区域游戏活动中听到"嫌弃"的话语。"发现同伴的优点"是促进孩子们合作化共同学习的基础，也是提升其社会交往能力的重要基础。因此，如何帮助幼儿发现、认可同伴的优点是我们近期热议的话题。

合作行为是指幼儿在与同伴互动过程中，两个或两个以上幼儿为了达到共同的目标与同伴相互配合和协调，试图实现共同目标的行为过程。《幼儿园入学准备教育指导要点》将"社会交往能力"放在了进入小学所需的关键素质的首位，可见其重要性。对接《3—6岁儿童学习与发展指南》社会交往的目标，提升幼儿发现、认同同伴的优点是促进其合作化共同学习的基础，也是围绕社会交往、自我调控和规则意识等进入小学所需的关键素质的基础。在学期初的家长问卷中，家长们对幼儿社会交往能力的担忧高达97.25%，稳居榜首！因此，我们期待通过本次活动，帮助幼儿更好地发现并认可同伴的优点，提升其合作能力。

二、案例目的

1. 让幼儿有自己的好朋友，能想办法吸引同伴和自己一起游戏，也喜欢结交新朋友。
2. 让幼儿活动时能与同伴分工合作，能倾听和接受别人的意见，遇到困难能一起克服。
3. 让幼儿能有序、连贯、清楚地讲述一件事情。
4. 让幼儿在探究中能与他人合作与交流，并能用数字、图画、图表或其他符号记录。

5. 让幼儿愿意和别人分享、交流自己的艺术作品和美感体验。

6. 让幼儿坚持自己的事情自己做，能分类整理和保管好自己的物品。

三、过程与实施

情景一：活动导入，理解生活中的各种配对

教师：（出示2副手套）这里有4只手套，哪2只手套是一对，为什么？

小结：外形特征相同的2只手套可以配成一对。

教师：（出示2只外形不同的手套、花朵、叶子）这里也有3样东西，请你也把它们配成一对。谁和谁是一对？为什么？

小结：瞧，不管外形是不是一样的，只要有理由，我们都可以把它们配成一对。

教师：（出示电脑、卡车、树、苹果的图片）这里有4样东西，请你把它们配成一对，并说说理由。

小结：好，我们把4样不同的东西配成了6对，而且大家的理由也很充分。

教师：再多加1样东西，会多几种配法呢？可能不止这些呢，你们慢慢想想理由。

小结：无论是相同的东西，还是不同的东西，只要有充分的理由，我们都能把它们配成一对。

情景二：解读画面，体会天生一对的美好

教师：鳄鱼先生和长颈鹿小姐能成为一对吗？为什么？鼓励幼儿采用"因为……所以……"表达自己的观点。

小结：因为鳄鱼先生和长颈鹿小姐配合得很好，也有很多地方长得一样，所以觉得它俩很般配。

教师：看，它们在干什么？它俩感觉怎么样？

小结：它俩互相配合、互相帮助，愉快地生活着，它们觉得彼此很般配，简直是天生一对。

情景三：经验迁移，寻找天生一对的人，并充分表达观点

教师：现在请小朋友一起来找一找和你是一对的人，并请说一说你们是一对的理由。

小结：你们太棒了！如果我们有相同的本领，可以成为天生一对；如果我们有不同的本领，我们可以相互帮助、相互配合、相互学习、相互安慰。

情景四：活动结束与延伸

老师还要告诉大一班小朋友一个秘密，当你能和越来越多的人成为天生一对，你就会越快乐，也会学到更多的本领。希望你们在生活中能找到更多人和你们成为一对。

四、案例反思

（一）从"绘本——我们"的迁移

"天生一对"是自然、幽默、有趣的，以突破常规的方式引领幼儿去发现同伴的优点。教师在前期采用配对游戏，激发幼儿积极主动的兴趣。在第二次游戏时，充分地发挥了幼儿的发散性思维，只要理由充分，两个完全不同的东西是可以配在一起的；只要理由充分，帮助幼儿拓宽发现同伴优点的思路。通过请幼儿和朋友配对，并说出配对的理由，进一步检验活动效果。

（二）从"你要交往——我愿意和他交往"的转变

《幼儿园入学准备教育指导要点》中指出，良好的交往和合作能力有利于幼儿入学后结交新的朋友，逐步适应小学新的人际关系。我们常规培养交往能力时，更多的是放在了方式、方法上，而通过对《3—6岁儿童学习与发展指南》《幼儿园教育指导纲要》的学习贯彻，我们尝试从源头出发，引导幼儿善于发现别人的优点，激发幼儿主动交往的内驱力。大班幼儿处于幼小衔接的重要时期，对幼儿进行合作能力的培养，为其进入小学打好基础有着重要作用。

在幼小衔接工作中，我们尝试不断地转变视角，将文件精神、目标、家长期待转化成幼儿主动的需求，是我们一直努力的方向，也是我们坚守的原则。我们在不断反思、不断调整中去优化各类活动，珍视幼儿生活与游戏的独特价值，抓住教育契机，让教育的期待变成儿童自己的期待。

旋转吧，陀螺！

高姗姗

一、案例背景

《3—6岁儿童学习与发展指南》中提到："幼儿科学学习的核心是激发探究兴趣，体验探究过程，发展初步的探究能力。"区别于科学领域的集体教学活动，幼儿在科学区的自主游戏更加富有个性，也最能体现出个体差异化的发展。因此，也需要教师注重细致观察，看见幼儿、看懂幼儿，给予幼儿适宜的指导，从而引导幼儿自主发现问题、探究问题、解决问题，满足不同发展水平幼儿的发展需求。

科学区的"陀螺游戏"仿佛对孩子们有着天然的吸引力，它总是能成为孩子们的首选玩具，他们三五成群地玩起来，爱不释手，能引发孩子们的阵阵欢笑。那么，孩子们喜欢怎样玩陀螺？他们有什么发现？哪里最吸引他们呢？这些也引起了我的好奇与关注。于是，伴随着观察，我跟随孩子们走进这"旋转的世界"，一起探索陀螺的有趣和秘密。

二、案例目的

1. 激发幼儿对陀螺转动变化的兴趣，引导他们动手探究影响陀螺转动变化的因素。

2. 引导幼儿通过观察、比较、记录、体验等方法探究陀螺的秘密，懂得对称和平衡，培养幼儿初步的学习方法。

3. 让幼儿体验传统民间游戏的乐趣。

看见游戏　发现成长

三、过程与实施

情景一：转陀螺的"小意外"

思源和梓恒两个人一起开心地玩着"转陀螺"的游戏，他们正在比一比谁的陀螺可以转得更快、更久。思源高兴地喊道："耶！我赢了！我的陀螺转得比他的时间长！"我问他为什么，他立刻说道："因为我的力气大！而且也没有转歪。""再比一次，我使大点劲儿。"梓恒提议道。

刚开始转动，思源的陀螺被别的小朋友碰到了，陀螺从桌子上掉落在地上。可这并没有打断思源的游戏，他追着掉落的陀螺，指着它跟梓恒说："你看！它还能转呢！"接下来，思源没有将陀螺拿回桌子上，而是继续在地上转陀螺，转了两三次以后，思源拿着自己的陀螺到塑料草垫上去旋转。试了几次，陀螺刚转起来就倒了。他把这一发现告诉我。"是吗？我都不知道呀，为什么会这样啊？"思源说："我觉得是因为桌子表面很光滑，草地不光滑，所以就不好转。"于是我又追问："为什么光滑的就好转啊？"思源说："我以前玩小汽车就是这样的，不光滑的地方它就跑得慢。"

在整个游戏的过程中，两个小朋友对转陀螺的游戏有着充足的兴趣，游戏期间十分专注与投入。转陀螺的一个"小意外"，也让幼儿有了新的发现：思源在自己操作当中，感受到在不同材质的表面转动陀螺有着不同的结果。他发现在光滑的桌面或者地面，陀螺能够转得又快又久；在草垫上转动时，差别就很明显了，在粗糙的表面上陀螺很难转动起来或者陀螺转动的时间很短。

分析：

在前期的游戏当中，幼儿已经了解到力度会影响陀螺转动的速度。在这次的游戏中，一个小小的意外，让幼儿有了探索的想法，也有了"意外收获"。他在地面与草垫上尝试转动陀螺，通过对比发现了表面的光滑程度会影响陀螺旋转的速度与持久度。思源能够通过迁移以前玩小汽车的经验来解释这一点，并大胆猜测，这是十分值得教师关注并引导幼儿进一步探索验证的。于是，在后期，我给孩子提供不同材质的材料，如纸、布料、水泥地面等，让幼儿进行更多的观察、比较，来进行验证。

情景二：转起来的图案变了

"老师，你来！我有个重大发现！"梓恒兴奋地过来说："你看！"梓恒一边说，一边拉着我往科学区走去，"老师，快看！这个一转，上边的图案就变了，变成了圆形。"

"真的好神奇呀！那也会变成别的图案吗？"我询问道。

"可能会吧。"

"那我们一起试一试吧。"我向梓恒提出建议。

于是，梓恒选了三角形图案的陀螺进行试验，在旋转过程中三角形变成了圆形。"老师！你看！是圆形，没错吧！""对！没错！"我点点头表示赞同。于是他拿起另一个五角星图案的开始转起来。正当我和梓恒一起观察时，甜甜在一旁提出了疑问："老师，我这个三角形转起来没有变成圆形啊？"

"你的变成什么形状了呢？"

"就那种……好像好多三角，好多尖尖的。"甜甜描述着。

梓恒立刻反驳道："不对！我刚试过，就是圆的！"

甜甜也不甘示弱："我刚试过，不是圆的，不信你看！"于是甜甜轻轻地转动陀螺，图案的变化正如甜甜所描述的样子。梓恒也产生了疑惑："老师，那我俩谁对呀？"

"我觉得你俩都对！你们都是自己观察到的，都没有错。主要是为什么会有不同的结果呢？"甜甜和梓恒都摇头。"这样吧，你俩一人转一次，仔细看转起来的陀螺有什么不同吧！"于是梓恒和甜甜先后转起陀螺，转动时，两人都目不转睛地观察。甜甜突然说："我知道！我知道！我的转得慢，他的转得特别快。"

"观察得真仔细。快一点的就会变成圆形，而转得慢一点

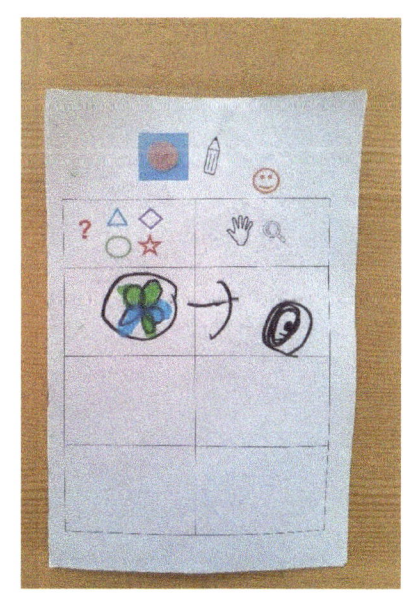

看见游戏　发现成长

的就会变成甜甜看得到的图案。所以你们俩的发现都正确。"

在游戏过程中，甜甜在看到梓恒的游戏后，也产生了兴趣，并用梓恒用过的材料开始进行游戏。但甜甜用的力气较小，导致陀螺旋转得很慢，她发现图案变化的结果与梓恒发现的结果不同。她能够立刻表达出自己的疑问，并再次通过操作验证自己的发现。在后面的操作过程中十分专注，并能够观察到陀螺旋转快慢与图案的关系。

分析：

幼儿的科学探究活动是幼儿通过动手操作、探究发现科学奥秘的过程。幼儿的知识经验及认知能力具有个体差异，对于同一问题会出现多种猜测和假设，不同的操作方法也会导致结果的差异。在这次游戏当中，我发现陀螺游戏材料的投放，忽略了幼儿猜测与验证的过程。在之前的游戏当中，孩子们更多是直接感知到力度大小给陀螺旋转带来的影响，更多时候只是比一比谁转得快、转得久。

因此，在这次游戏过程中，我们为幼儿提供了简单的操作记录单。这不仅帮助幼儿在游戏中更有目的性，带着问题去观察、操作，而且能够帮助幼儿形成客观的科学思维，让幼儿的知识经验更加严密且富有条理性。

情景三：我也想来做陀螺

依格自己玩了一会儿陀螺游戏后，找到我问："老师，你看，咱们班的陀螺都是圆形的，所有的陀螺都是圆形的吗？""对呀，有没有三角形的呀？"甜甜附和道。"还有……还有方形！心形！"两人的讨论也引起了其他两位小朋友的好奇，他们也凑过来一起讨论。

"我觉得咱们可以尝试做一个自己喜欢的形状，看看能不能转起来。""好！"孩子们不约而同地选择了美工区。依格先选择了手工纸来制作。其他的幼儿纷纷效仿，都去取了手工纸，有的画了三角形，有的画了方形，还有的画了心形……"我的怎么转不起来？"甜甜看了一眼说："你这个陀螺都歪了。"原来依格的中心点偏向了一角。甜甜提醒她说："陀螺这个棍都是在中间的。"小麦也疑惑道："我的也不行，可我这个棍在正中间。""那你觉得是什么原因呢？"我向小麦询问，小麦摇摇头，依格哈哈一笑说："你这个也太大了吧，都耷拉下来了！"小麦连忙说："那我再剪小一点吧。"

"还有什么材料也能制作陀螺呢？"我进一步启发幼儿。小麦想了想："我想想……好像那个拼插玩具可以，我去试试。"男孩子们一听拼插玩具可以，也都跟着小麦去了拼插区。

"看，就是这个！"小麦拿起"小小工程师"玩具的材料，是一根带有五孔的插塑条。他一边喃喃自语，一边开始拼插："再用一个这个，再加一根棍儿……"他用两根五孔插塑条交叉叠放，并选择一根短棍儿插进中间的孔，"看！这样也能转！"

男孩儿们见状，赶紧也为自己制作了一个。帅帅在小麦的基础上，又多加了一根插塑条，中间的连接棍儿也换成了长一些的。可他的没有转起来，帅帅尝试用更大的力量去转动，依旧失败了。"你的太厚了吧？"小麦对帅帅说出了自己的想法。"好像有点高。"帅帅也表达着自己的想法，"看来我还是只能用两根。"

"陀螺都是圆的吗"，一个小小的疑问引发了孩子们极大的兴趣，如果变成别的样子，陀螺能转起来吗？面对孩子们的疑问，我支持孩子们自己去制作、去发现。在制作的过程中，幼儿从迷茫，到根据自己的观察去发现陀螺的结构，还直接地感受到陀螺的转动需要找准中心点，要保持平衡。幼儿能够从不同的角度去讨论陀螺能不能够转动的原因，积极地去寻找解决问题的办法。

问　　题	解决方法
不同形状的陀螺能转起来吗	尝试制作
怎样做陀螺	观察已有陀螺的样子
用什么材料做陀螺	班级中美工区、拼插区寻找材料
为什么无法旋转	（陀螺比例）调整材料大小 （不能保持平衡）找准中心点

在这个过程中，我对材料的投放及自身的指导也有了一定的反思。首先，陀螺提供的形状单一，可以投放不同材料、形状的陀螺供幼儿探索。其次，除了美工区的材料，别的玩具材料是否可以替代呢？孩子们的操作是最好的答案。孩子们在经历这次自制陀螺后，对制作陀螺产生了极大的兴趣，纷纷想要尝试去做一个漂亮、独特的陀螺。

四、案例反思

陀螺是幼儿园科学区游戏中十分常见的玩具，通过观察，我发现孩子们喜欢一起玩陀螺游戏，他们喜欢比赛，看谁的陀螺转得最久。幼儿的兴趣能够有效地激发他们的探索欲望，在游戏的一次"小意外"中，我找到了教育契机，引导幼儿去思考、探索影响陀螺转动的因素。

在观察陀螺图案变化的时候，不同幼儿用的力量不同，导致图案变化也不同，这时候我没有直接给予答案，而是采取同伴互助、师幼互动等方式，引导幼儿掌握猜想—验证—再猜想—再验证的方法，逐步叩开科学的大门。同时，通过儿童视角的记录单，可以观察幼儿是否能记录活动中的发现，指导幼儿相互分享、交流活动经验等。如在增加记录单后，幼儿也会出现猜测与记录不一致，甚至出现观察结果与记录结果不一致的现象，这些都是我们的教育契机，可以进一步挖掘每个幼儿的发展点。

教育目标的实现，需要教师在活动中及时为幼儿搭建一个个发展的支架，而适宜、巧妙地提供材料，也是支架之一。因此，教师需要不断观察幼儿的操作，从幼儿的游戏状态中反思，及时更新与调整材料，以满足幼儿不同阶段的发展。

目前，孩子们对制作陀螺有了很大的兴趣。后期，我会继续带领幼儿寻找更多的制作材料来继续探索。在初期的尝试中，孩子们也初步感知了陀螺的"轴对称"原理，在后续的探索中，我会根据幼儿利用的不同材料，引导他们进一步发现这一原理。

从天而降的声音

苏　涛

一、案例背景

在区域游戏时，天天和朵朵拿起了对讲机玩具进行游戏，可是没过多久俩人因为在对讲机随便出声而互相指责。正当两人互不相让时，对讲机里突然传出了另一个小朋友说话的声音，当时两人都愣住了，甚至怀疑自己出现了幻听。当这个声音再次响起的时候，天天和朵朵脸上露出了惊讶的表情，朵朵勇敢地对着对讲机开始说起话来，就这样一次奇妙的对话开始了。

《3—6岁儿童学习与发展指南》中指出"科学学习的核心是激发幼儿探究兴趣，体验探究过程，发展初步的探究能力"，那如何发现和保护幼儿的好奇心，帮助幼儿不断积累经验，并运用新的学习活动来解决问题呢？教师在过程中应注重引导幼儿通过直接感知、亲身体验和实际操作来进行科学学习，从而让幼儿获得丰富的感性经验的同时，运用新经验解决实际生活中的问题。

二、案例目的

1. 让幼儿了解对讲机的发声原理，体验探索的快乐，并从中获得自信。
2. 鼓励幼儿感知和主动探索声音的物理现象并发现其特点。
3. 支持鼓励幼儿提出问题，积极猜想，尝试实验和解决问题。
4. 让幼儿在成人的帮助下能制订聊天计划表并执行。
5. 让幼儿在探究声音问题的过程中，养成耐心、坚持的品质。

三、过程与实施

情景一：声音的由来——哇，对讲机发出了不同的声音

在区域游戏时，全班幼儿都在有序地按照自己的区域计划进行活动，我看到天天和朵朵进入科学区，拿起了对讲机玩具进行游戏，可是没过多久传来了争吵的声音：

"咱们不是说好了，等我到睡眠室你再说话吗？你怎么先说了？"

"我没说话呀。"

"不是你说的，是谁说的？"

"不是我说的，我刚开对讲机，你看我说话了吗？"

……

正当两个人互相指责的时候，对讲机里突然传出了一个小朋友说话的声音："你们是谁？"当时天天、朵朵都愣住了，甚至怀疑自己出现了幻听。当这个声音再次响起的时候，天天和朵朵脸上露出了惊讶的表情：

"苏老师，你快来听这是谁在说话呀？"

"苏老师，对讲机怎么突然说话了？是谁呀？"

"苏老师，怎么办？"

我赶紧走了过去，这时，只见朵朵非常勇敢地拿过对讲机说：

"我是大三班的朵朵，你是谁呀？"

"啊！大三班？我是大一班的萌萌。"

"啊！大一班？你是用对讲机说的话吗？"

"是呀，你怎么能听到我的声音呢？"

……

分析：

一次偶然的事件，让幼儿感受到来自对讲机里不同声音的惊喜，恰恰是这个惊喜带给幼儿无限的遐想空间，为什么会有不同的声音呢？它是如何产生的呢？这样的问题自然而然地引起了幼儿探究的兴趣，产生的问题即将成为活动的主要关注内容。

从天而降的声音

情景二：对讲机的探秘活动——到底什么是对讲机呢

当游戏结束后，我请天天和朵朵把这件事分享给了全班小朋友。听到这件事情的小朋友非常激动、惊讶，谁都没有想到对讲机还可以听到其他班幼儿的声音，大家露出了不可思议的神情。

"为什么对讲机里会有其他小朋友的声音呢？"

"对讲机是不是坏了？"

"对讲机到底是怎么传递声音的呢？"

听着孩子们你一句我一句的问题，我们开启了"对讲机到底是怎么发出声音"的探索之旅。第二天，幼儿纷纷带着自己寻找到的答案来和我分享。

"书上说对讲机是有信号的，只要在同一个频率里就可以接收到信息。"

"我爸爸说对讲机是有发射频率的，它发出信号，其他对讲机接收信号就可以有声音。"

"对讲机可以聊天、说话，如果有紧急的事情也可以用它联系。"

分析：

当幼儿对"对讲机发出不同的声音"产生浓厚兴趣时，教师应保护幼儿的好奇心，创设宽松自由的语言环境，鼓励幼儿与同伴、父母之间的分享交流，利用查阅资料、询问父母、伙伴分享等方法，促进幼儿思维碰撞的同时让幼儿的个体经验转化为集体经验，获得经验的完整性。在分享交流中幼儿了解到对讲机的真实原理，同时更加激发幼儿对于探索对讲机的兴趣。

情景三：消失的对讲机声音——我的朋友没有回应

理解了这个知识后，大家纷纷提议想尝试与其他班幼儿聊天，就在我和幼儿畅想聊天时精彩对话的时候，一个新的问题出现了。

"我打开对讲机，它怎么没有声音呢？"

"上次打开等了一会就出声音，这次没有人。"

"苏老师，你听，好安静哟！"

幼儿非常疑惑，明明打开了对讲机，为什么声音却听不见了呢？于是我和幼儿积极地思考到底是什么原因。

"是不是他们不知道我们在呀？"

"他们会不会没有打开对讲机？"

看见游戏　发现成长

"我们是不是要告诉他们打开对讲机的时间？"

通过集思广益，大家决定用海报公示的方式，让全园的幼儿都能看到我们相约的时间。

分析：

顺应问题的出现，引导活动的新思路，孩子们自己策划并实施的活动往往能更好地激发幼儿的探究欲望和兴趣，对幼儿的发展更有价值。同时教师发挥支持者和引导者的作用，接纳活动中产生的新思路、新内容、新方法，引导幼儿继续探索。

情景四：对讲机的约定——我和你有个约定

我们在海报中明确表明了明天早上 8 点 30 分开启对讲机，最后我们贴到了白板架上，并把白板架放到了幼儿园大门口。

约定的时间到了，我与幼儿一起打开了对讲机，全班幼儿屏住呼吸，等待惊喜的时刻……可是 1 分钟、3 分钟、5 分钟、10 分钟，时间悄悄地过去了，还是没有任何回应，就在大家非常失落的时候，突然一个声音响起：

"我是大一班的彤彤，请问你们在吗？"

"苏老师，你听，有声音啦！"

"彤彤，刚才你们怎么没有打开对讲机呀？"

"是啊，我们都等了好久。"

"我打开了，也没有声音啊？"

"我转了转频道，才听到你们的声音。"

啊！孩子们大吃一惊，恍然大悟，我们的海报上没有写固定频道，其他班的幼儿不知道我们在哪个频道。

分析：

基于幼儿掌握的对讲机的前期经验，利用海报公示的形式开启了一次有约定的聊天活动，过程中当幼儿发现"对讲机在固定时间开启后没有声音"这个现象后，他们开启了自己的思考过程，结合已有知识经验自发地产生了对于"固定频道"的认知概念，从而加深幼儿对对讲机使用原理的理解。

情景五：不同频到同频的对讲机——我们在 3 频道等你

经过上次聊天，孩子们终于知道了要想和朋友使用对讲机聊天，不仅要有固定时间，还要有固定频道。于是大家开始思考到底几号频道合适。

"我觉得 1 号就可以，好记。"

"我们打开频道试试吧。"

"频道不能换，需要固定好。"

经过一天的频道试验，大家发现 1 号频道经常出现杂音，2 号频道信号弱，最终决定把聊天的频道定为 3 号频道。就这样，我们调整了海报内容，增加了固定频道，继续开始我们和朋友的聊天之旅！果然，惊喜的事情发生了……

"我是大一班的萌萌。"

"我是大三班的天天。"

"我是大二班的彤彤。"

"大一班听到请回答，你们班现在在干什么呢？"

"大二班听到请回答，你们班来了多少小朋友？"

"大三班听到请回答，你们今天户外玩什么？"

分析：

通过一次次对"固定频道"的探究，幼儿积累了更多的使用经验，筛选出最合适的频道进行游戏活动，过程中幼儿发现问题、分析问题、解决问题的能力在逐步提高。

情景六：走进生活的对讲机——快乐的冬锻策划

近期园内将组织大班组幼儿为全园幼儿进行冬锻表演，以年级组为单位进行统一策划、展示节目，由此一场协商策划活动在大班组之间开始啦……

"欣然，你帮忙去大二班问问他们的海报做好了吗？"

"壮壮，你帮忙去大一班问一下，他们的演出名字是什么？"

只见两个孩子快速地跑上楼帮忙送信去了，就在这时，一个出其不意的声音响起："苏老师，我们有对讲机啊，为什么不能用它来联系呢？"他的一句话，瞬间让所有人惊呆了，孩子们纷纷表示这绝对是个省时省力的方法，最后仅用了 2 天时间，就完成了冬锻大班组表演策划活动。

就这样，对讲机的使用在班里掀起了高潮，幼儿提议可以在班级不同的地方放上对讲机，需要的时候打开它，一句轻声话语就可以解决很多问题，达到出其不意的效果。

分析：

在以前的区域材料中，对讲机往往是放在一起供幼儿游戏时使用，然而现在通过一次次对对讲机的使用大大提高了幼儿对对讲机的认知和经验，同时由于幼儿对生活的需要，决定在班级中的睡眠室、盥洗室、卧室都放有对讲机，让对讲机提供更好的生活价值。

四、案例反思

1. "假游戏"——"真游戏"的转变，促进幼儿多元发展

对讲机是一个看似常规性的玩具，却通过一个偶然事件，让"假游戏"变成了幼儿眼中的"真游戏"，同时也发挥了它真正的教育价值。我班幼儿正处在幼小衔接的人生转折点，良好的社会交往能力是融入集体、社会的重要保证，也是奠定人生成长的重要基石。"合作下的共同学习"不仅是同班间的合作，也可以是打破常规的同年级组合作。活动前期幼儿对对讲机探究的兴趣，活动过程中幼儿提出问题、分析问题、解决问题的能力也在逐步提高，活动后基于对对讲机使用方法的掌握，让真正的对讲机游戏在生活中产生了更大的价值。

2. "担心"——"放手"的转变，支持幼儿深度探究

《幼儿园教育指导纲要》中明确指出，科学活动要体现"趣味性、活动性，寓教育于生活、游戏中"，结合幼儿爱"玩"的天性，激活幼儿科学探索的动机。教师在幼儿探索的过程中，要灵活调整自我"角色"，可以是探究活动的参与者，可以是指导者，也可以是观察者。在幼儿遇到问题的时候，以"指导者"的角色提出不同建议；在幼儿获得成功的时候，要以"观察者"的角色给予鼓励；在幼儿需要教师协助的时候，以"参与者"的角色共同打造趣味的科学探索活动。教育的常规性是普遍的，但是教师要明确幼儿的需要，探索课程的有效学习是教师教育理念的新转变，"儿童在前，教师助推"的学习模式让教师在专业中成长，让孩子在活动中不断发展。

3. "游戏材料"——"生活材料"的思考，下一步的支持与策略

科学游戏材料对增强科学活动效果起到至关重要的作用，如何让材料生活化、生活材料化，让科学知识与幼儿的活动进行有效衔接等问题，将是教师对区域材料的进一步思考内容。教师要让真正的科学游戏贴近生活、服务生活，将"科学游戏"生活化，让幼儿体验科学游戏过程。认识周围的事物和现象，感受科学活动的乐趣，以此促使幼儿多方面发展。

娃娃家的一波三折之旅

王 楠

一、案例背景

班里的娃娃家一直是孩子们最喜欢的区域。对于刚入园的孩子来说，家是他们最依恋的地方，家里有爸爸妈妈、爷爷奶奶，还有他们最熟悉的物品。进入幼儿园以后，孩子们把这种对家、对家人的依恋寄托在娃娃家里。他们被温馨的环境和可操作的玩具所吸引，通过角色扮演，孩子们在娃娃家中感到温暖和满足，情感也得到了表达。有多年教学经验的我深知，娃娃家对刚入园幼儿缓解焦虑的重要性。因此，对娃娃家的材料准备、空间准备、游戏主题，我都做了很多的预设和准备。在我憧憬孩子们也会在我精心、用心、细心准备的娃娃家高兴、愉悦的游戏画面时，娃娃家却风波不断。

二、案例目的

1. 孩子们能根据自己的游戏兴趣选择游戏或其他活动。
2. 当孩子们想加入同伴游戏时，能友好地提出请求。
3. 当孩子们与同伴发生冲突时，能听从他人的劝解。

三、过程与实施

情景一：调整位置 打开新思路

开园的第4天，每次户外活动后，孩子们都流连忘返，一两首音乐后才能归拢队伍。刚从室外回室内的孩子们，哭声便此起彼伏……经过再三观察和思索，结合海淀区教研室针对"小班入园适应"的方案要求，我们决定把孩子们最喜欢的娃娃家搬到室外，帮助幼儿缓解焦虑。

看见游戏　发现成长

"果果，你这是干吗呢？"看着果果推着婴儿车满操场溜达，我便问道。

"我带娃娃散步去，她刚才吃饱了。"

"我也一起去吧！太阳好！"

"'妈妈'，你去遛弯的时候把垃圾带走吧！"厨房里传来了"爸爸"的嘱咐……

"王老师，我给娃娃做饭呢！你看，我做的西红柿！"

只见2颗小西红柿，躺在了多多的锅里……

从室内搬出来的娃娃家，让我看到了不一样的游戏内容、不一样的孩子。灶台上的锅里，不再只是我们提供的仿真西红柿，种植区里的蔬菜、果实，成了孩子们锅里的美味佳肴……并且孩子们的焦虑情绪也得到了很大的缓解。他们没有了在屋子里的焦躁感，反而从室外游戏中体会到了幼儿园的乐趣。室外娃娃家让我看到了缓解入园焦虑的新策略。之前，我们会使用儿歌、故事、动画，让幼儿缓解入园焦虑，期待他们能按照园所规章制度、作息时间安排等，适应幼儿园的集体生活，却忽略了适应是双向的，幼儿为了适应幼儿园生活而努力坚持和调整时，我们也要为适应入园初期的幼儿做出调整和尝试。经过此次的尝试，我想，下学期我将有更多的尝试，在入园适应周将更多的游戏区移至室外，更好地缓解幼儿的入园焦虑。

情景二：扩充场地　满足真需求

"你挡着我了，哎呀，这是我刚才拿的玩具。""我先来的，别挤了。"这是我最近在娃娃家中经常听到的声音。

"哇……"娃娃家突然传来一阵哭声，我赶紧放下手里的衣服，转身走进娃娃家，只见小雨和润润正站在餐桌前，于是我蹲下来问正在哭的小雨："发生什么事情了？"

"呜……他推我。"小雨指着润润说。

"因为……因为他刚才占了我的位置，是我先来的。"润润说出了自己的理由。

"那如果你被其他小朋友推了，你有什么感受？"我引导润润换位思考。

"我会很难过。"润润有些不好意思地说。

"那你们能不能轮流玩呢？润润玩一会儿，然后再让小雨玩一会儿好吗？"我给他俩出了个主意，将孩子们的矛盾化解。

"那好吧，你先玩吧。"润润马上同意了我的方案，让小雨先玩一会儿。

室外搬回室内的娃娃家，时常会让孩子们因为场地小的问题发生冲突。于是我和班里的老师商量如何扩大娃娃家，最后我们决定占用睡眠室的区域来扩大娃娃家，孩子睡觉时，再把娃

娃家的物品挪走。通过调整，娃娃家的空间比原来大了一倍，我们丰富了室外娃娃家没有的客厅和卫生间。那么扩大后的娃娃家能否满足幼儿的发展需要？我继续对娃娃家的游戏样态进行观察。

情景三：填充材料　支持真游戏

"我想穿围裙，我要做饭。""我也想做饭，我要当厨师，给我，给我。"孩子们争抢着，都想穿围裙和戴厨师帽来做饭。厨房的桌子上此时已经摆满了餐具和食物。

"先把围裙给我吧。"为了让孩子们停止争抢，我把围裙暂时拿过来，"除了做饭，在娃娃家还可以做许多别的事情呀。"

"你们的家里都有谁呀？"我问几个正在争抢玩具的小朋友。"有爸爸，有妈妈。"小米第一个回答道。

"还有爷爷。"果果紧接着说。

"家里有奶奶。"小米补充道。

"老师，我家里也有爷爷，还有爸爸、妈妈、姐姐。"可心跑过来告诉我。

"你们的家里都有好多的家庭成员呀！那在家里谁照顾你呢？他们一般都在家里做什么事情呢？"我问道。

"妈妈会做饭。""奶奶也做饭。""妈妈在家洗衣服。""妈妈还会化妆。""爸爸看电视。""妈妈也看电视。"……孩子们你一言我一语，积极地表达着自己的想法。

"那谁照顾你呢？"我提示道。

"妈妈照顾我。""奶奶。""还有爸爸。"

看见游戏 发现成长

"他们是怎么照顾你的？"

"带我去商场里玩。""还去公园里。""喂我吃饭。""给我洗澡。"……孩子们清楚地表达着。

"你们也可以像大人照顾你们一样，照顾娃娃家的娃娃。"我说。

"可是娃娃家不能洗澡呀，没有盆。""也没有喷水的那个。"孩子们开始表达自己的需求。

"特别棒，你们觉得还需要什么？"

"电视。我家里有电视。"王在心想了想说。

"娃娃还需要奶瓶。""宝宝是坐在婴儿车里的。"

娃娃家扩大后，容纳的幼儿数量比之前多了，孩子们推挤的现象明显减少，我却忽略了娃娃家的玩具没有增加，在人数增加的情况下，娃娃家的玩具材料的种类和数量无法满足幼儿游戏的需要。于是，根据孩子们的需求，我们与家长一起为娃娃家提供了婴儿推车、花洒、电视机、奶瓶等玩具，进一步支持和满足幼儿游戏需要。

情景四：扩厨房缩卧室 促进真发展

扩宽场地、丰富材料的娃娃家，会从此一帆风顺吗？"我要做饭！""我来洗菜！""不行，这里站不下！"……娃娃家游戏再一次因为场地的问题发生了冲突。可是，偌大的娃娃家，只有四个小朋友在进行游戏，为什么还会因为场地问题发生争执呢？经过连续观察后我发现，每次争执点都在"厨房"，这不禁让我深思背后的原因。虽然同样是玩娃娃家游戏，但是在游戏初期和游戏中期，孩子们在游戏内容、游戏材料的需求上都有着非常明显的不同。首先，在游戏内容上，游戏初期的娃娃家，孩子们倾向于从生活护理上照顾娃娃，穿衣、盖被子、给娃娃喝奶、看病……而游戏中期，他们更热衷于给娃娃做饭、做蛋糕。其次，在游戏材料上，随着幼儿能力提高，他们更愿意玩有创造性的低结构游戏材料。而睡眠室、客厅里的诸如奶瓶、衣服、被子等都属于高结构材料，只有厨房里的游戏材料属于低结构材料，能更好地满足孩子们的创造与想象。我瞬间明白了为什么"厨房"每次都会成为"战争"的发源地。于是，我缩小了娃娃家的"卧室"，扩充了"厨房"，以满足孩子的发展需要。娃娃家的"战争"总算告一段落……

四、案例反思

娃娃家的"第一个波澜",让我看到了"不符合常规"的游戏区带给娃娃家的"新力量",也让我找到了缓解入园焦虑的新策略;娃娃家的"三个转折"让我看见了幼儿在娃娃家的"真需要",也让我对常规工作有了新的思考。我要看见幼儿的真实需要,以便为幼儿提供真正的支持。而我也将在看见儿童、支持儿童的道路上不断"童"行。

我的幼儿园，我们的幼儿园

霍靖文

一、案例背景

班中开展了"我的幼儿园"主题活动，活动中随着对幼儿园认知的不断丰富，幼儿逐渐对幼儿园的主体建筑、大型器械等内容展开了更深入的调查。调查结束后，幼儿结合自己的兴趣，在建构区开始着手搭建"我的幼儿园"。通过多次实地观察楼身，多次设计搭建图纸，幼儿对如何搭建幼儿园积极地进行了思考并付出了实际行动。但是在游戏过程中，幼儿基于自身搭建水平的差异，也出现了一系列的问题。通过观察幼儿游戏过程中的表现，教师以参与者的身份、提问引导式的方法为切入点，最终促使幼儿在自我发现问题、解决问题的过程中获取经验，从而获得发展。

二、案例目的

1. 让幼儿感知积木的数、形和整体与部分之间的关系，连续观察、探究事物变化的简单原因和规律，主动探索辅助材料的结构特性，进行比较、分类、观察和尝试，获得数、形、比较、对称等数学概念。

2. 让幼儿能自主选择适宜的材料，综合运用堆高、围拢、延长、盖顶等基本技能，围绕"我们幼儿园"和"我们的幼儿园"进行有目的、有创造性的搭建，大胆表达自己的所见、所知、所感和所想。

3. 让幼儿能积极主动与同伴交流，大胆动手实践、动脑思考寻找答案，创造性地解决问题，逐步学会等待、轮流、分享、谦让和合作的交往行为。

4. 让幼儿能结合自己的想法，尝试与同伴较清楚地表达自己的搭建设计思路和感受，敢于大胆交流个人搭建想法和经验，丰富搭建内容。

5. 让幼儿能大胆地设计建筑图纸，表现自己所观察到的建筑物的规律和特征。

三、过程与实施

情景一：为什么我的楼房总是倒？

区域游戏时，同同和小义开始按照计划进行幼儿园东楼的搭建。

小义说："我们先搭底部，然后再往上搭。"

同同立刻给小义拿来了一些单元积木，小义按照平铺、垒高的方式搭建了两层，然后在上面四条边的位置摆放了8块方块积木。

"我去找纸板，放在上面做楼板。"同同说。

就这样第一层很快搭建成功了。

"我来搭第二层。"

"我来给你找长方形积木吧，这样第二层就高一些。"

可是寻找的过程中问题出现了，同同对小义说："没有一样的积木，这几个你试试。"

于是小义开始用找来的积木，按照原来的摆放方式继续搭建第二层。

可是就在搭建第三层的时候，听到"哗啦"一声，其中一面的积木全部倒塌了。

小义叫了一声："啊，这是怎么了？"

"没关系。"同同一边挠头一边说着，两个人把散落一地的积木一块一块地捡起来，按照刚才的样子恢复，可没想到的是，就在恢复第二层的最后一步的时候，积木再次倒塌了。

这时同同疑惑地说："为什么总塌呢？"小义和同同非常失落，看到此景，我走了过去。

小义说："老师，这个积木总是倒，没办法放上去，怎么办啊？"

"那让我们一起来看看为什么总是倒。"于是，我们开始一起寻找倒塌的原因。

首先我们按照原来的搭建方法进行复原，当搭到第二层的时候，小义递给我很多不一样的长方形积木。

我好奇地说："咦，为什么这些积木都不一样呢？"

"因为实在找不到一样的积木了，只能用这些。"

"原来是这样，那我们试试。"当把长方形积木摆完准备放4倍单元积木的时候，又发生了同样的事情——积木又倒塌了，两个小朋友你看我，我看你，很是沮丧。小义说："为什么总是这面倒塌？真是奇怪。"

看见游戏 发现成长

"是啊，为什么总是这面倒塌呢？与其他三面有不一样的地方吗？"

经过观察后，两位小朋友发现其他三面的底部积木都是一样的长方形，只有这一面是宽窄不同的长方形。

我继续追问道："没有一样的长方形，能不能换其他形状的积木试试呢？"小义和同同开始在积木柜里认真地寻找。

这时小义说："这些粗的圆柱体积木可以试试。"

"好的。"我们三个人把所有不一样的积木替换后，再次放上 4 倍单元积木时，神奇的事情发生了——墙面很牢固。两位小朋友也终于露出了开心的笑容。

分析：

通过前期多次对幼儿园楼房建筑的观察，幼儿清楚地知道建筑楼层为三层，同时能够较好地运用基础的围拢、垒高、延长、加宽等搭建经验着手对东楼进行搭建。但是在此过程中，孩子们忽略了一个问题，那就是不同形状的积木在使用时稳定性不强，很容易出现倒塌的现象，这些也表明幼儿在思考搭建时，只考虑了搭建建筑形态成果，并没有注意搭建细节。基于这个现象，教师应该以参与者的身份，利用引导式语言，与幼儿共同寻找问题所在，引导幼儿在发现搭建问题后积极地思考，寻找解决方法，帮助幼儿积累经验，从而达到提高幼儿搭建水平的效果。此外，教师还应该与幼儿共同讨论如何更充分地使用建筑区材料等问题，一方面可让幼儿了解积木的使用方法，另一方面使幼儿在搭建时更有目的性地找寻积木。

情景二：积木不够用了怎么办？

第二天，同同和一帆来到建构区，准备继续搭建北楼的楼房。有了昨天的经验，同同和一帆比较顺利地完成了第一、二层的搭建，但是在搭建第三层的时候，他们发现班中的积木材料不够了。

"怎么办，没有一样的积木了？"

"我们试试把两个积木放在一起。"于是两个人开始寻找同样小块的积木，边寻找边垒高比对，看哪些积木可以用。同同找到的小方块积木两两组合在一起，正好是一个长方形积木高度，一帆便把这些积木摆在了第三层，可是当摆完以后，又倒塌了。

就在这时，我询问："今天搭建又遇到新的问题吗？"

同同把刚刚遇到的问题告诉了我，我表示很惊喜："你们好聪明啊，竟然用了组合的方法

进行替换！"

一帆摇摇头说："但是还是倒塌啊，能用的积木已经用完了，还是不行。"

同同也表示没办法了，我笑了笑对他们说："积木用完了，建筑区还有其他的材料哦，你们发现了吗？"

一帆顺着我手指的方向说："是啊，我们还有其他材料呢。"

"你们可以试试哟。"两名幼儿开心地转过身开始在辅助材料的箱子里寻找，之后他们将大块正方形拼插玩具两两连接，不一会就拼出了同样高度的长方体积木，将其放在第三层上，奇迹再次出现了——竟然成功了！

分析：

基于前面的技能分享，幼儿再次尝试搭建时有了很好的效果，并且在此过程中，当没有惯用材料时，会选择用两块单元积木组合代替的方法继续操作。在没有教师协助的情况下，幼儿能够调动数学知识迁移到建构活动中，解决相应的问题。但是过程中可以发现幼儿平日使用搭建的材料几乎是积木，缺乏对辅助材料的使用经验，单一的搭建材料阻碍了幼儿的搭建过程。如何让幼儿在搭建时充分利用辅助材料？辅助材料的作用到底是什么？基于这个问题，教师可以在环境上给予支持，例如提供范例图示；还可以利用思维导图形式，帮助幼儿梳理与呈现辅助材料与积木之间、积木替代之间的关系，从而更好地提升幼儿在使用材料上的经验。

情景三：南楼有窗户啦！

经过一段时间的建构区游戏，幼儿园的几栋楼房很快就搭建好了，但是李约说："老师，幼儿园的楼房都有窗户，还有门，咱们的楼房为什么没有？"

"是啊，咱们搭建的楼房，每面都是死的，连窗户都没有，那怎么办呢？"

"我们可以把长积木变成短积木，或者把大积木换成小的试试。"

"你愿意试试吗？"于是李约邀请他的好伙伴大宝一起来改动。李约和大宝先是把其中一栋楼第二层长的积木，换成了短的积木，然后把原来圆柱体积木摆放的位置也调整了一下，瞬间就发现原来死死的墙壁，多了一些空间和缝隙。

大宝说："老师，你看，这样窗户就有了。"

我点点头说："确实有点像窗户了，不过好像还是和幼儿园的窗户不太一样，幼儿园窗户是长方形的，并且每层有好几个，有没有什么好办法再试试？"

看见游戏　发现成长

李约和大宝又开始探索。李约说："我可以用细的长方形积木围一个窗户。"大宝也表示同意，于是大宝开始负责寻找积木，李约负责修改。就这样，李约和大宝利用小积木把房子中的窗户再次进行了调整，同时他们也关注到南楼的窗户对称的特点，便在所搭建的建筑上对应的位置加上了两个窗户框，这样一所有楼、有门的幼儿园就搭建好啦。

分析：

幼儿已经具备基础的搭建技能，同时对搭建细节也有了自己的想法和认知，他们能够发现原定设计图与搭建成品的不同之处，并且通过思考后，运用大、小积木的替换等方法来验证自己的想法。当幼儿提出自己的想法时，教师给予了肯定，同时也提出了任务，幼儿在没有教师的协助下，分工明确、目标清晰地来尝试操作。基于此类问题，教师应顺应幼儿的观察点，积极引导幼儿讨论思考搭建细节，例如窗户、门、房顶等，从而提高幼儿细节的搭建能力。

情景四：搭建"我们的幼儿园"

孩子们搭建的"我的幼儿园"在一次次发现问题、解决问题后基本落成。在经验分享时，我也借机向幼儿追问："那你心目中的幼儿园又会是什么样子呢？"孩子们一听，纷纷小声地分享了起来。

"我们的幼儿园可以是游乐园。"多多说。

"我们的幼儿园可以是一座城堡。"萱萱说。

"我觉得可以是城堡和游乐园在一起。"月月说。

"幼儿园可以有小火车。"大宝说。

"还可以有一个霸天虎。"李约说。

"就像艾莎公主的王国一样，有一座大城堡，还可以有一个超级大滑梯，有一个旋转木马。"沐沐说。

"还可以有一个大的摩天轮，石景山游乐园里就有。"壮壮说。

听着孩子们对"我们的幼儿园"的设计，我肯定了他们的搭建想法："哇，城堡幼儿园，听起来好有趣啊，幼儿园里面可以有的大型设施也很丰富，要是想搭建一座城堡幼儿园，我们首先需要做什么呢？"

"首先需要确定城堡幼儿园都需要搭建哪些建筑。"小义说。

我的幼儿园，我们的幼儿园

"要设计建筑图纸。"李约说。

"要看城堡长什么样子。"萱萱说。

"首先要搭主体建筑。"冠恒说。

"真棒，在已有的经验分享下，我们清楚了首先要确定搭建哪些建筑，然后从整体到部分，去分建筑进行搭建，但是首先要搭建的一定是主体建筑。"

就这样，班级的建构区又产生了一个新的搭建小主题——搭建"我们的幼儿园"。孩子们经过认真的调查、分享、讨论、投票后，确定搭建的建筑有——城堡教学楼、旋转木马、轨道小火车、超级旋转大滑梯。确定好后，建构区的小朋友结合调查后的建筑实景图，开始绘制城堡教学楼的设计图。在建筑图纸上可看出城堡有四层，是对称结构，城堡的房顶是尖的，城堡上层结构是圆柱体……在确定设计图后，小义和李约又投入搭建之中。

在不断地搭建中，城堡的基础结构大致建好了，可是在盖顶时幼儿又遇到了一个小问题。

"这个顶是尖尖的，可是我用两个三角形做出来的并不像。"

"对呀，其他材料也不能拼出来，老师，你能帮我们一下吗？"

收到孩子们的求助，我询问道："城堡的顶端是尖尖的，你的两个三角形拼在一起也是尖尖的呀，它们不像的地方在哪里？"

"我觉得城堡顶端的尖尖是一个点，我这里是一条线。下面也不是一个圆圈。"

"那这样看来，建构区是没有合适的积木材料喽？"

"我们没找到。"

"建构区没有合适的材料，我们还可以去哪里寻找？"顺着我的提问，小义恍然大悟说："可以去拼插区用磁力片拼一个，还可以去美工区画一个。"

"嗯，你真棒，我们可以利用其他区域的材料来完成建筑，让建构区搭建的作品更贴近真实的建筑本身，真是一个爱动脑筋的好孩子。"

在幼儿巩固已有的搭建经验，结合搭建技能搭建的基础上，他们共同思考与解决不断涌现的小问题，同时将新发现的搭建方式进行共享。班级中对"我们的幼儿园"的搭建还在不断升级与完善……

分析：

《幼儿园教育指导纲要》指出："4—5 岁幼儿主要是通过感知觉以及操作活动来认识周围的世界。"幼儿在前期对搭建技能的不断丰富下，敢于大胆思考与动手操作，愿意体验与探索更多未知，能够明确搭建目标建筑的特点，有着能够与同伴合作探索的良好品质，教师也更应该对幼儿的游戏、材料、环境、搭建技能有更多的支持，引导他们更进一步地进行搭建。

四、案例反思

1．"倒塌的教学楼"——"牢固的教学楼"，丰富幼儿材料转换的经验

建构游戏是幼儿园游戏中重要的组成部分，也被誉为"工程师的摇篮"。在游戏过程中，幼儿在不断的搭建中巩固掌握了基本搭建方法，能够很好地利用平铺、垒高、延长、盖顶等方法进行操作。同时在遇到"对材料的选择、辅助材料的配合、搭建细节的处理"等问题时，幼儿缺乏经验，只是一味考虑搭建的成果，而忽略了搭建过程中的细节处理，所以楼身几次都出现了倒塌的问题。但是在面临搭建问题与挑战时，幼儿能够积极动脑思考，认真观察，发现问题所在，然后动手操作实践，用其他积木块替代的方法来不断尝试，最终成功让楼房不倒塌了。搭建"我们的幼儿园"的过程中，在盖顶时遇到了困难，但幼儿也能够在教师的启发下对材料本身有思考，对不同区域的材料替代有思考、有行动。

2．"我来示范"——"你来实践"，教师游戏身份理念的转变

在以往的游戏过程中，面对幼儿在游戏过程中有困难求助或者一直挑战不成功时，教师更容易为幼儿传授方法或者是为幼儿示范，帮助幼儿直接获得经验，而缺乏放手让幼儿去主动思考与动手操作的意识。在本次"我的幼儿园"搭建过程中，教师在幼儿遇到问题时，没有立即帮助幼儿解决，而是静心观察，随时以支持者、引导者的身份提供帮助，给予幼儿充分的时间和空间去探索、比较，让他们感受比较的过程和结果，发现材料之间的关系。同时会结合幼儿的游戏情况，适当地用语言去提问和引导，幼儿的搭建能力也由此得到了提升。

3．"我的幼儿园"——"我们的幼儿园"，搭建技能的再提升

幼儿在建构游戏当中可以学会团队合作、交流协商等品质，并且建构游戏能够提升幼儿的动手操作、沟通表达、创造想象和审美等能力。中班下学期的幼儿更加专注，且能运用比较、观察的方法发现事物的不同特征，教师及时捕捉幼儿兴趣，自然而然地引导幼儿搭建"我们的幼儿园"主题建筑，从观察幼儿园实际楼房到搭建楼房，再以实际搭建经验为基础，搭建"我

我的幼儿园，我们的幼儿园

们心中的幼儿园"，这是一个具有挑战性的活动。建筑的结构、造型、空间关系等方面的很多问题都是幼儿不曾遇到的，不同特征的主体建筑如何在稳固的前提下更有特征、更形象地呈现，这也给幼儿创造了萌发新奇想法、尝试解决问题的机会，从而在搭建过程中遇到新问题去尝试解决、分享，让我们的搭建技能得到巩固、共享与提升。

小蜗牛　大探秘

王　劲

一、案例背景

雨后的操场，孩子们三五成群地围在一起，凑近一看，原来他们发现了小蜗牛。"老师，你看蜗牛的肉肉是湿的。""小蜗牛的眼睛这么长！""我知道蜗牛一害怕就会缩进壳里了。""老师，我们能把蜗牛带回班里养吗？我们班里有吃的！"……孩子们你一言我一语地交流着，小蜗牛的出现引起了大家极大的兴趣和关注。

孩子是天生的自然观察者，对万物都充满了好奇心，善于观察和发现。我们需要做的就是跟随幼儿的兴趣，发掘游戏的价值，根据幼儿的需要给予帮助，支持幼儿科学探究。于是，我们就把蜗牛转移到班级的自然角里饲养照顾。但遗憾的是，蜗牛在班级里生活没多久便死了。孩子们感到深深的自责，觉得是自己没有照顾好小蜗牛才导致了它的死亡，我们为小蜗牛举行了送别仪式。我以为，孩子们对蜗牛的兴趣和探究会就此结束，没想到……

"老师，我们还能养蜗牛吗？""我们这次一定会好好照顾它们的。" 我欣喜地发现孩子们并未放弃。上一次的经验，反而激发了他们主动探究的欲望。我看在眼里喜在心上，于是我们开启了关于蜗牛的探秘之旅……

二、案例目的

1．中班幼儿主要是通过感知觉以及各种操作活动认识周围世界的，也就是说操作感知活动是幼儿积累认知经验的重要方式。饲养并照顾蜗牛的活动，符合幼儿的学习兴趣和学习方式。

2．《3—6岁儿童学习与发展指南》科学领域中指出："幼儿的科学学习是探究具体事物和解决实际问题的过程。"在本次活动中，我们也是引导幼儿进行"观察现象—提出问题—做出

猜想—有目的地观察—查找资料—分析验证—得到答案",这样一个科学探究的过程。

3．本次活动案例为幼儿提供了照顾小动物的机会,感知动物的生活习性,初步了解蜗牛的生活方式,懂得爱护和照顾它们,积累一些方法和经验,同时激发幼儿爱动物的情感。

4．让幼儿学习使用各种工具和材料照顾和观察小动物,发展幼儿的探究能力。同时,幼儿的探究过程以照片、图画、符号的形式呈现在主题墙上,鼓励幼儿发现问题、解决问题,相互分享新的知识经验。

三、过程与实施

情景一：蜗牛喜欢吃什么？

这天,有一位小朋友带来了菜叶放在饲养盒里,瑞瑞看到后发出疑问:"老师,我家的小狗都是吃狗粮的,妈妈说不能随便喂其他的食物,那为什么不喂蜗牛的专用粮呢?"果果说:"蜗牛是能吃菜叶的,它还能吃树叶呢。"由于意见分歧,孩子们产生了深入探究的动力。于是我引导幼儿进行讨论,并开展实验探究活动"蜗牛喜欢吃什么",孩子们积极参与其中。他们从家里带来各种自己认为蜗牛会喜欢吃的食物,然后将蜗牛分到小饲养盒里,分别投喂不同的食物,观察它们是否喜欢吃,并将观察后的结果进行记录,最终得出结论。

通过"蜗牛喜欢吃什么"的实验,我们证实了很多蔬菜的叶子和水果,蜗牛都喜欢吃。有了这次的经验基础,孩子们的好奇心和求知欲被彻底激发。教师是幼儿学习活动的支持者、合作者、引导者,我要为孩子们接下来的探究活动做好支持和准备。我在自然角的养殖区开展蜗牛的主题活动,引导、鼓励幼儿观察蜗牛的外形特征、生活环境、生活方式等,从而引导幼儿成为主动的学习者。

看见游戏　发现成长

情景二：蜗牛的触角是它的眼睛吗？

一日，玥玥在自然角里观察时将蜗牛从饲养盒里拿出来放在桌子上，难得看到蜗牛伸展身体爬行，其他小朋友也非常感兴趣，立刻围上来。"小蜗牛的眼睛长在头顶上。""哟！下面怎么还有两个小眼睛啊？""不对，我知道那是触角。"小朋友们七嘴八舌地议论起来，大家都觉得非常有趣。这时蜗牛又爬到饲养盒旁边，刚刚碰到盒子边缘，"嗖"地一下，"眼睛"立刻缩了回去，大家惊喜地叫出了声："小蜗牛的眼睛会缩回去呢！好神奇啊！"

通过调查了解，孩子们知道了蜗牛头部有两对触角，其中一对大触角的顶端长着眼睛，当身体在地上爬行时，两对触角都会伸展开来活动。蜗牛的触角是用来感知周围环境的器官，就像盲人的拐杖是用来触摸着行走的。同时还起着鼻子的作用，可以闻到气味。

对于孩子们的好奇和疑问，我没有直接给予答案，而是先配合孩子们一起感叹蜗牛有四只眼睛的神奇，然后再建议他们回家以后通过自己的方式寻找答案。这样做的考虑是：既要给幼儿提供自主选择、自主决定的机会，又要将教师能预设出的情况和可探究的问题先隐藏起来，不点破。这样一来，不仅会提高幼儿参与活动的兴趣，而且让幼儿自己去观察并提出一些可探究的问题，幼儿的探究兴趣会高涨、从中习得的知识也会更容易理解和掌握。

情景三：蜗牛没有脚是怎么爬的？

蜗牛平时都在饲养盒里，大多数的时间都是蜷缩着身体。一日，我和孩子们一起清洗了饲养盒，顺便给蜗牛们冲了个澡，好多蜗牛都舒展开身体，自由地爬了起来。孩子们开心极了，兴奋地在周围观察蜗牛爬行的过程，孩子们发现有的蜗牛爬得快，有的蜗牛爬得慢，但是它们都没有脚，只有肉肉的身体，它们是怎么爬的呢？这时，嘉嘉得意地告诉大家："我在

爸爸的电脑上看到过，蜗牛是有脚的，它的脚叫腹足，它就是用腹足爬的。"可是大家都不相信，明明看不到啊。这时九儿想到了班上图书区里有一本《蜗牛的秘密》，书里面有介绍，于是我们在书里找到了答案：蜗牛确实是用腹足爬的，但腹足并不是孩子们理解的蜗牛的脚，而是蜗牛的肚子，可以分泌出黏液。蜗牛蠕动肚子上的肌肉，在黏液的帮助下就可以完成爬的动作了。

通过这次的讨论，孩子们发现要想知道问题的答案，争吵和猜测是没有用的，我们可以通过向家长和老师请教，看书、上网等方式收集资料。之后，更多的小朋友开始关注、了解蜗牛的秘密，并更加愿意将自己了解到的信息进行分享和交流。

情境四：蜗牛"生蛋"了

一天，孩子们又像往常一样到自然角里观察蜗牛。突然，茗茗惊喜地看到蜗牛"生蛋"了。蜗牛"生蛋"的消息很快传遍了整个班级。孩子们很惊喜，也很好奇，"蜗牛的蛋宝宝"成为了新一轮的研究方向。芊芊说："蜗牛的'蛋'就是它的宝宝吗？"茂茂说："蛋里会孵出小蜗牛吗？"大家都没有看到过蜗牛生蛋，那我们需要做什么呢？于是我们又开启了一轮资料查找和观察比较。最终发现：蜗牛的蛋宝宝和常见的蛋宝宝有明显的不一样。蜗牛的蛋个头比较小，没有坚硬的外壳。其他常见动物的蛋个头比较大，有坚硬的壳。那蜗牛妈妈需要什么样的照顾呢？通过调查我们也了解到：需要给蜗牛妈妈多提供一些食物来补充营养。蜗牛妈妈和蛋宝宝们需要温暖的地方分开饲养，并且尽量不要打扰它们。

通过了解，孩子们知道了蜗牛孵出的"蛋宝宝"一般都称为"卵"，刚刚孵出的卵需要单独进行孵化。为了更好地照顾蜗牛，孩子们小心翼翼地把蜗牛卵从大饲养盒里取出来，放在精心准备的"新家"，随后用一层苔草进行覆盖，如果温度适宜的话，大概15天可以孵化出小蜗牛。

遗憾的是，虽然最后我们也发现有很多破壳的卵，但是始终没有孵出小蜗牛。通过调查，问题可能是温度或者湿度没有达到蜗牛孵化的标准。虽有遗憾，但在此过程中我们也收获了很多，相信对于孩子们来说这也会在他们小小的心中留下一粒种子，等待着生根发芽。

四、案例反思

在蜗牛的探究活动中，孩子们还积累了与同伴合作交往、利用多种途径得到信息的经验，充分感受到自主探究、主动学习带来的乐趣和满足。孩子们也像小蜗牛一样，一点点慢慢成长、学习新本领、吸收新知识。教师也通过适宜的指导，支持幼儿带着目的去观察、使用工具去探究、多种方式去验证，让他们动手动脑探索其中、乐在其中。

我们以幼儿真实的发现、真实的问题、真实的需要为导向，珍视幼儿身边活动的独特教育价值，满足幼儿"直接感知、实际操作、亲身体验"的学习方式，注重启发式、互动式、探究式教学，教学方式由"以教师为中心"向"以幼儿为中心"转变，不断促进幼儿的自主有效学习。我们也将持续跟随幼儿的兴趣和需要，给予幼儿不断的支持，让真游戏点亮幼儿的童年。

关于一次制作红薯干的"持久战"

姜 帆

一、案例背景

"幼儿生活皆课程",结合季节特点,孩子们对种植区的红薯产生了浓厚的兴趣。当讨论起红薯制作的美食时,孩子们总有说不完的话题。

文文说:"我吃过蒸红薯,甜甜的、面面的。"

杨杨说:"我奶奶会把红薯放在粥里煮着吃,吃起来可软了。"

十六说:"我和弟弟特别喜欢吃红薯干,嚼着有点硬但特别甜。"

安安说:"我也吃过红薯干!我在图书区里的图书上看到过把红薯做成红薯干,可以保存很长时间!"

恬恬说:"对啊,我们班现在有这么多红薯,要是坏掉了多可惜呀!"

"那我们能不能来试试自己制作红薯干,把它们保存下来呢?"我的提问彻底激发了孩子们的制作欲望,一系列与红薯干有关的探索故事就此发生了……

前期经验:

《3—6岁儿童学习与发展指南》中指出:"幼儿的学习是以直接经验为基础,在游戏和日常生活中进行的。"在最初的探索时期,孩子们利用不同途径和方式,了解了红薯的种类、生长过程、结构特点,并对"晒秋"有了初步的认知。

二、案例目的

1. 让幼儿初步了解和体验红薯干的制作过程,感受劳动的喜悦。

2. 让幼儿能对红薯干进行比较观察,发现其变化。

3. 让幼儿能基本完整并且比较连贯地讲述自己的想法和感受。

4. 让幼儿积极主动与同伴交往,初步学会互助与合作,尝试解决制作活动中出现的问题。

三、过程与实施

情景一：红薯干初猜想

在一次过渡环节，我像往常谈话一样问孩子们："你们觉得红薯干是怎么制作的呀？需要哪些步骤呢？"

乐乐率先说道："我觉得先要把红薯洗一洗，它身上都是土，脏脏的。"

朵朵也举起了小手："还要给红薯削皮。"

这时，菁菁提出了不同意见："不用削皮啊，皮也可以直接吃。"

恬恬说："对呀，我们周五吃面条的时候就有红薯，上面的皮可以吃的。"我看向朵朵："你同意她们的想法吗？"朵朵听后点了点头。

我继续问道："那清洗后还要怎么做？"

十六转了转眼睛说："还要把红薯切成条！我妈妈买回来的就是一条一条的。"

度可说："我在家吃的是那种圆圆的，一片一片的。"

我接着总结道："我们见过和吃过的红薯干有不同的形状，我们都可以来试一试，那要切多薄呀？"

彭彭说："不能切太薄，太薄吃着就不像红薯干了，要厚一点才行。"

我再次问道："哦，要切得有一定厚度，那切完的红薯怎么变成干的呢？"

安安说："放到有阳光的地方晒一晒吧。"

七彩说："就放到自然角的窗台上，那里就有阳光。"

最后，经过孩子们的讨论，初步计划了红薯干的制作流程：洗—切—晒。

分析：

当孩子们面对"红薯干是如何制作的"这个问题时，我并没有将答案直接告诉幼儿，而是鼓励幼儿面对问题，尝试独立思考，幼儿也能将自己在生活和幼儿园中的经验迁移到思考的过程中。针对"削皮"这个话题，孩子们出现不同看法时，作为教师的我并没有进行否定和干预，而

是先倾听观察，在合理范围内充分尊重幼儿的想法，给予幼儿敢于和愿意自我表达的空间。

情景二：生红薯太硬，切不动怎么办？

在有了初步的制作计划后，孩子们开始第一次尝试。有的小朋友负责清洗红薯，一双双小手把红薯洗得干干净净的！有的小朋友负责给红薯切块，只见信宝拿着塑料刀在红薯上切来切去，但红薯上只有几条浅浅的刀痕，他皱着眉头，显然有些不知所措。于是孩子们在切红薯上又遇到了新的问题：红薯太硬，切不动怎么办？

恬恬首先提出了自己的困惑："老师，塑料刀切不动红薯！它太硬了！"

我顺着她的困惑问："那怎么办？你们有好的办法吗？"

珠珠说："得用老师切水果的刀才行。"

菁菁不同意了："小朋友不能用水果刀，会伤到手的，很危险！"

源源解围道："那老师帮我们切吧。"

听到了幼儿请求老师帮忙，我回复："可以呀，因为生的红薯很硬，需要请大人帮助我们用金属的刀子才能切开它，那你们再来动脑筋想一想，我们怎样可以使红薯变软？这样小朋友就可以自己来切红薯了。"

诺诺想到了答案，兴奋地说："我知道！把红薯蒸一下，它就变软了，我们就可以自己切了。"

我又问道："那可以请幼儿园里的谁来帮助我们呢？"

小安安说："伙房的叔叔阿姨！"

我立刻肯定了安安的答案："没错！我们可以请他们来帮助我们把一部分红薯拿去蒸一蒸，将红薯变软，这样小朋友们就可以使用安全的塑料刀来尝试自己切红薯啦。那生红薯干和熟红薯干晾晒后，它们一样吗？"

辰辰说："不一样吧，生的吃起来会硬一点，熟的软一点。"

麦子摇摇头说："我觉得一样，它们身上的水分都会被晒干啊。"

小博说："颜色也不一样啊，熟的红薯颜色更深呢。"

我说："好，那我们晾晒时就要仔细观察咯，看一看它们到底一不一样。"

老师们将生红薯切好后，交给负责晾晒红薯的小朋友们，小朋友们将它们摆放在竹筛中，放在自然角的窗台上进行晾晒。另一部分红薯交给伙房的叔叔阿姨来帮助孩子们将红薯蒸熟。

看见游戏　发现成长

分析：

在遇到"生红薯太硬切不动"的问题时，孩子们能主动寻求成人的帮助，教师及时提供支持，引导幼儿结合生活经验并借助幼儿园伙房的资源，解决活动中出现的问题。教师能结合中班幼儿的发展目标，将其渗透到活动中，引导幼儿后续关注生红薯干和熟红薯干晾晒后相不相同的问题。

情景三：熟红薯太软了，怎么切？

红薯蒸熟出锅啦！伙房的阿姨端着已经蒸好的红薯来到了孩子们面前，负责切红薯的小朋友表现得尤为兴奋，在我们的引导下，他们穿好小围裙、拿着塑料刀，为切红薯做好了准备。

不一会儿，便听到了孩子们的呼喊："老师，这个红薯一切就碎了。""老师，要切多大呀？"……于是我们进入新的一轮讨论。

我请刚刚负责切红薯的小朋友将他们遇到的问题抛了出来："熟的红薯很软，一切就碎怎么办？"

灵灵说："一只手轻一点扶着红薯，不能用力按着它，另一只手要快快切下去。"

朵朵说："不能这样一直切切切。"

我说："你们确实认真思考了，小朋友们提供的方法一会儿我们都尝试一下。那之前你们说不能切太薄，会影响红薯干的口感，那要切多厚呢？"

恬恬用大拇指和食指比了比说："这么厚吧，我吃的红薯干就这么厚。"

我总结："喔，和小朋友的两节手指的距离一样长。还有不一样的想法吗？"

辰辰说："我吃过的红薯干特别特别粗，可以再切厚一点。"

我回复："我们有不同的建议了，有的小朋友认为要按照一定的厚度来切，有的小朋友认为切得越厚越好，那我们就分别尝试一下吧。"

78

分析：

当孩子们遇到了将熟红薯切成了"泥"这个困难时，我再次将问题抛给了幼儿，同伴间的经验从而得到了分享。而看似"放手"，鼓励幼儿去尝试切"厚薄"的举动，也为后续晾晒红薯环节提供了铺垫。

情景四：红薯干为什么发霉了？

自然角的红薯干已经晾晒了三天。这天区域游戏时，菁菁突然来我面前，一边拉着我的手往自然角走，一边说："姜老师，你快来看！"她指着红薯干说，"你看！上面长出了好多小白点！"我离近一瞧，确实好几盘红薯干上都长出了几个"白点"，同时菁菁的声音将附近的彭彭和信宝也吸引了过来，他们都探出小脑袋想要看看究竟，我假装不懂地问："这些白点是什么呀？"信宝自信地说："它发霉了！"但彭彭噘了噘嘴："我觉得是一些小灰尘，空气中的毛毛吧。"我接道："那我们一会问问大家，听听其他人的想法吧。"

区域分享时，我将自然角的红薯干拿到了睡眠室的桌子上，请小朋友们来观察并猜一猜："红薯干怎么了？这些小白点是什么？"

信宝说："长毛发霉了。"

彭彭说："是细菌。"

十六说："奶奶说过，红薯可以制作淀粉，白白的是淀粉。"

乐乐说："红薯甜甜的，应该是身体里的糖。"

我说："我们的想法好丰富啊！都有可能喔！那这些小白点到底是什么呢？又为什么会产生呢？今天老师想请你们回家和爸爸妈妈一起寻找真正的答案，明天将你们找到的结果和大家一起来分享。"（为了使家长清楚了解到此次红薯干问题的真实情况，我将红薯干拍照发到了班级群中，帮助家长更好地协助幼儿寻找答案。）

第二天，孩子们一来园就迫不及待地想要把自己找到的小白点"真实身份"告诉我，最后在大家的共同努力下得知，我们晾晒的红薯干"发霉了"。

我说："红薯干为什么会发霉呢？"

看见游戏　发现成长

小博说："因为红薯干太潮湿了，晒不到阳光。"

棉花糖说："妈妈说红薯干放的位置不通风，就会长毛发霉。"

七彩说："红薯干发霉就有细菌了，它们就不能吃了，我们需要重新晾晒。"

我总结并再次追问："原来红薯发霉是因为晾晒过程中阳光不够充足，并且没有得到很好的通风。那再次晾晒时我们需要注意些什么？怎样可以不让红薯干发霉呢？"

诺诺说："红薯切得薄一点，特别厚的红薯不好晒干。"

朵朵说："我们要让红薯晒到更多的阳光。"

我追问："我们班或者幼儿园里哪里的阳光最充足呢？"

乐乐说："衣柜上！"

信宝说："可是衣柜太高了，我们看不到也够不到啊，那还怎么观察它们呢？"

源源说："睡眠室的窗台上阳光很大！可以把红薯放那儿。"

七彩说："我们户外的平台也可以晒红薯啊，还通风呢！"

我立刻表扬："除了班级里，七彩还发现了班级外的环境，想得真仔细！阳光充足的地方我们找到了，那怎样更加通风呢？"

多多说："红薯摆放要分开一些，它们挨着也不容易通风。"

我提示："摆放的距离也很重要，你们再想一想为什么红薯背面的霉点要比正面的多呢？"

文文说："因为背面没有阳光也没有风，红薯干更容易发霉！"

我说："哦！阳光照不到它的背面，空气也无法从背面通过，那我们怎样解决这个问题呢？你们有什么好办法吗？"

安安说："可以在放红薯干的竹筐下面放个架子，这样风就可以通过了。"

在我的鼓励下，桃桃轻轻地说："我们还可以给红薯干翻个面，这样两面都可以晒太阳、通风了！"

我说："哇，你们太聪明了！想到了这么多好的方法！那由谁来翻呢？"

孩子们都举起小手并呼喊着："我！""我！"……

我笑着说："大家都想负责翻红薯干，人太多了啊，一个星期一共五天，我们可以怎样分配呢？"

菁菁说："那就值日生来翻吧。"

我说："好主意，那值日生什么时候来翻呢？"

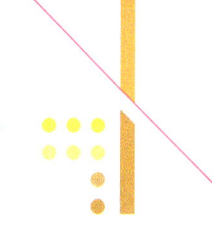

恬恬说:"进区域的时候可以翻。"

平平说:"下午吃完水果也能翻。"

我又问:"好,那就是上午翻一次,下午翻一次。怎样可以证明哪些红薯干被我们翻过了呢?"

十六说:"我们可以画一个小标志,翻过了就把这个标志放在筐里,这样小朋友就不会再去翻了。"

我说:"你们真是越来越会动脑筋思考问题了!之后我们一起分组尝试第二次晾晒红薯干吧!"

分析:

当孩子们惊讶和困惑于红薯干上冒出的一个个"小白点"是什么时,我们发挥了家园共育的作用,帮助幼儿形成利用多种途径和手段去收集和获取所需信息的意识。教师不仅是知识的教授者,还要做孩子们手中的拐杖,我随着孩子们回答的内容,提出了"发霉的原因是什么""园内阳光最充足的地方在哪里""怎样更加通风""谁来翻红薯""如何证明红薯被翻过了"这一个个问题,持续"牵引"着幼儿的思考,始终支持并间接推动幼儿的持续探究。

孩子们共同总结出防止红薯干发霉的方法后,他们开始了第二次红薯干制作,结合第一次的制作经验很快到了最后的晾晒部分。平日喜欢光顾拼插区的男孩子们利用"小小工程师"的建构玩具,制作了支撑竹筛的晾晒支架以完善通风效果。孩子们也通过观察身边环境寻找到了阳光最充足、照射面积最广的区域并将红薯干晾晒于此。值日生也有计划地担当了每日翻转红薯干的责任,孩子们利用区域活动时间设计了翻红薯的标志,制作成标牌后也更加方便小朋友们辨别红薯干是否被"翻身"晒过太阳。孩子们吸取了第一次失败经验后,在这一次制作红薯干的过程彻底解决了"发霉"这一问题。制作过程中我们既不干扰孩子们的猜想验证,又适时给予他们探究助力,不同阶段的共同讨论也在帮助幼儿树立严谨与不轻易放弃的科学态度和探究精神。

四、案例反思

初次制作红薯干,无论教师还是孩子都是"小白",一切都在摸索中前进。开始制作红薯干后遇到的问题和失败一下子让我们措手不及,从最初猜想的红薯干制作过程,到开始尝试制作过程中发现的种种问题,再到探究红薯干发霉的原因,孩子们一直在发现问题中激发兴趣,在解决问题中获得自信。

在这个过程中，孩子们不断将生活中的经验迁移到实践中来，更加注重在观察、体验中学习，这不仅让幼儿有相互交往、表达想法的机会，还在"认知冲突"中促进孩子们各方面能力不断提高。活动的所有信息不是教师灌输的，而是幼儿经过一番体验和探索获取的。制作红薯干的活动源于幼儿的兴趣，教师追随幼儿的兴趣并不断地发现问题和抛出问题，持续观察和记录幼儿在活动中的表现，引导幼儿思考，从而不断推进活动，这样才能使幼儿处于主动学习的地位。

另外，在制作红薯干的整个过程中，孩子们体会到的最重要的是想要做一件事情不容易，在这场"持久战"的过程中可能会遇到很多困难，但是只要我们善于思考，困难总会被我们克服，同时他们也感受到认真做好一件事情的满足感。孩子们在一系列活动中的各方面表现，让我对这种源于幼儿兴趣而生成的活动有了更深的认识，也让我意识到一个看似简单的活动背后蕴含着许多需要全面思考与计划的细节。在这场制作红薯干的"持久战"中，我和孩子们站在了同一起点，我们一起发现问题、分析问题、寻找解决问题的方法，并在不断地尝试中去调整和优化解决方法。同时，我和孩子们有了更多的"在一起"，正是因为有了这些"在一起"，我更相信儿童的力量。未来，我想我会在相信儿童的理念的同时有更多与他们"在一起"的机会。

洋葱到底有多高？

张文萌

一、案例背景

植物角是孩子们最喜欢的区域之一，不仅有较强的探索性和可操作性，还能在幼儿种植、观察的过程中促进其多领域的发展。进入冬季后，一天，果果从家里带来了"开花"的小白菜。没想到，这一分享，激发了孩子们对培育蔬菜的兴趣。因此，班级开展了"蔬菜再生记"的活动。哪些蔬菜可以"再生"呢？通过前期的猜想，孩子们纷纷进入验证环节，于是班级中有了各种各样的尝试。此后，无论是在区域游戏、过渡环节、饭后散步，还是在户外前的准备环节，植物角里留下了他们观察、记录及与同伴一起分享交流的身影。在孩子们的悉心照顾下，植物角中洋葱的变化最为明显。它很快长出了叶子，随着时间的流逝，洋葱叶也越长越高。一时间，洋葱成了"班宠"。但是，"班宠"也引发了一系列的故事。

二、案例目的

1．让幼儿愿意与同伴交谈，能基本完整地讲述自己所观察到的洋葱的变化。

2．让幼儿愿意表达自己的各种感受和想法。看见洋葱的生长变化，喜欢提问题，并积极回答问题。

3．让幼儿愿意用图画和符号表达自己的想法，活动时愿意接受同伴的意见。

4．让幼儿能对洋葱进行比较、连续的观察。能发现洋葱叶子的生长差异和变化。

5．让幼儿对测量洋葱感兴趣，愿意对洋葱进行非标准化的自然测量活动。

看见游戏　发现成长

三、过程与实施

情景一：洋葱长高了吗？

"明明就长高了。""没有。还是这么高。""长高了,之前它是在这儿的。"植物角传来孩子们阵阵争吵的声音。

"洋葱长高了吗？"区域小结环节,我带着疑问和困惑向班级幼儿求助。

"小朋友们有什么好的方法证明洋葱叶子有没有长高呢？"

"记录呗。"

"怎么记录呢？"

"首先得有日期,还得有一个一个的小格子,我们要每天观察,要是洋葱叶子长高了,我们就在格子里画下来,没有长高就不用画了。"蜜朵边说边比画。

"可以呀。"

"张老师,我们需要您帮我们做一个那样的记录单。"

"好的,没问题。"我按照幼儿的要求将制作好的记录单交给了他们。

分析：

源于幼儿需求的记录更主动。在以往的教育中,我们期待能为幼儿提供有准备的环境。因此在种植活动前,我们总是先给幼儿提供记录本,幼儿按照我们的教育要求进行观察和记录。在本次活动中,源于幼儿的需求——想知道洋葱到底有没有比昨天高,萌发出对记录本的需求。在幼儿真实需求的背景下,他们不再需要教师每天的提醒,观察记录更为积极主动。

情景二：这么高是多高？

区域游戏时间,孩子们都沉浸在自己的游戏中,忽然植物角传来了争吵的声音。

"就是长高了这么多。"来来掌心相对比出高度。

"不对,是这么高。"豪豪将大拇指和食指分开比出高度。

"上次我记录的是这么高,过了这么多天肯定长高了。"来来紧紧抓着观察记录本恶狠狠地看着豪豪说。

"哼,不对,就是这么高！"豪豪双手叉腰,也不甘示弱。两人的争吵声引来了很多围观的小朋友。

"你们别吵啦，我们用纸杯量一下不就知道啦！"小咪急忙说。

"行。"来来回应，豪豪也慢慢平复下来。

小咪拿着纸杯，从洋葱叶最高的位置开始往下量。

"小咪，你这儿还没量到呢。" 包包指着洋葱叶说。

"那我重新量。"

"小咪，这里刚刚量过了。"

"哎呀，我都忘了！"小咪生气地扔下纸杯。

"张老师，我觉得纸杯不太适合测量。"乔乔严肃地说。

我问："为什么纸杯不适合测量呢？"

"因为纸杯太矮了，洋葱叶高，量的时候得移动纸杯，动着动着就忘了哪里量了哪里没量。"

我问："那什么样的材料适合测量洋葱叶呢？"

乔乔："得用一个和洋葱叶差不多一样高的材料才可以。"

涵涵："可以用吸管量。"

我问："为什么用吸管量呢？"

涵涵："因为吸管立起来是高的，洋葱叶也是高的，而且吸管和洋葱叶差不多一样高。"

小猫："积木也可以呀，建构区的单元积木比吸管长。"

吱吱："不行，积木太重了，会把洋葱叶压倒的，我觉得水彩笔最合适了。"

针对什么材料更适合测量的问题，孩子们各持己见，这时梁梁站起来说："不如我们投票吧，哪种票数多就用哪种呗。"

梁梁的提议得到了小朋友们的认可，最后吸管以19票获胜。

分析：

选择什么样的工具进行测量的问题，并能得到一个数字结果，成了孩子们的第一个难题。起初，幼儿选择了长度单位最小的纸杯进行测量，但在测量过程中他们发现，移动纸杯会有未测量或重复测量的地方，由此得出结论，测量单位小，不适合直接测量，那哪种材料更适宜测量呢？孩子们结合已有经验，选择长度适宜又便于操作的吸管作为新的测量工具。幼儿的思维是有定式的，但是教师的适时引导，会让幼儿的思维不断扩展。资源的合理利用，使孩子们的测量行动又向前迈进了一大步，也让活动开展有了进步。

看见游戏　发现成长

情景三：同一棵洋葱为什么不一样高？

户外回来后，孩子们还在惦记着测量的事。

来来："我去拿吸管量。"

豪豪："我也去。"俩人拿来吸管开始测量。

只见来来将吸管一头对准洋葱叶的根部摆好，另一头慢慢向上移动到洋葱叶尖部，看着高出的吸管，他愣了一下，转身拿了一把剪刀后，重新将吸管对着洋葱叶根部比起来，小心翼翼地把高出来的吸管剪掉后深深呼了一口气。

豪豪则将手里的吸管插进土里，双手向上移动开始量，量好后，看着手里的吸管满意地点点头："呀，正好一根吸管高。"

两个小朋友迫不及待地将测量结果与同伴分享。

"咦？你俩的吸管为什么不一样长呀？"

来来接过豪豪手里的吸管比了比，才发现自己的吸管比豪豪短了一截。

"到底谁的测量结果才准确呢？"

"你们都是怎么量的呀？"

带着疑问，来来和豪豪开始进行第二次测量。

豪豪照旧将吸管插进土里开始量，突然小语说："豪豪这样量不对，我们量的是洋葱叶有多高，要从洋葱叶开始量。"

听了小语的话，**豪豪**恍然大悟，不好意思地低下了头。

"我就是从最底下的叶子开始量的！"来来得意地说。

听了来来的话，班级幼儿都默认了来来的测量结果是对的。原本以为这就是故事的结尾，正当小朋友们准备吃饭时，来来大声说："呀，为什么这次量，我的吸管变高了呢？"小朋友们听见来来的声音纷纷回头。

"怎么变高了？"轩轩问。

"我第一次量的时候就是这么高，但是刚才量的时候吸管居然变高了。"来来一脸疑惑地说。

"你是怎么量的？"

"我就是从洋葱叶的底部开始量的。"说着来来开始了第三次测量。

"来来，叶子不能弯，得摆直了才可以。"包包的"温馨提示"把正在认真测量的来来吓

了一跳。

来来惊讶地看着包包，挠挠头小声说："我刚才量的时候洋葱叶好像弯了。"

言言："就像我们比谁高谁矮一样。洋葱叶摆直了量才准确。"

小语："还要把吸管对准洋葱叶的根部，来来，我和你一起量吧。"

在小朋友们的帮助下，来来终于测量出洋葱的高度，这次他们不仅掌握了测量的关键之处，还获得了满满的成就感。

分析：

案例中，孩子们了解到测量工具要统一，但是，在测量时，孩子们的测量方法存在着差异，这说明孩子们并没有理解测量要从原点开始的这一方法。通过此次测量，幼儿发现，测量方式的差异，导致测量结果会有所不同，测量方式也要统一。结合中班幼儿的年龄特点，教师要引导幼儿通过观察、比较、对比、操作等方法发现问题、分析问题和解决问题，从而帮助幼儿不断地梳理经验。

四、案例反思

洋葱有多高的活动，让我深刻地感受到在主动学习背景下，幼儿学习能力的提高。作为一名年轻的教师，我清晰地认识到采用非标准化的测量工具进行"对比测量"是我们曾在区域游戏中经常开展的活动。在活动前，我们代替孩子们做很多的思考，比如故意提供"对比观察记录表"，引导幼儿进行对比观察、记录。在孩子们的新鲜感过去以后，就成为我们的一项工作，所以我们经常会在班级里问："今天的记录表完成了吗？"往往，孩子们到最后就成了被动的学习者。而在本次活动中，"洋葱长高了吗"—"这么高是多高"—"同一棵洋葱为什么不一样高"是由孩子们主动发起的，他们在活动中不断地发现问题并尝试运用已有经验解决问题，并积累新经验。《3—6岁儿童学习与发展指南》中指出"幼儿科学学习的核心是激发探究兴趣，体验探究过程，发展初步的探究能力"。我想，这才是真正的探究活动，这才是真正属于孩子们的探究活动。

冬天里我们和大蒜的故事

王 劲

一、案例背景

虽然已经进入冬季，但是温度并不低，太阳还是那么温暖。一天，我们在操场上玩，孩子们无意中发现幼儿园里荒废的种植园地，大家对那块土地突然产生了浓厚的兴趣。"老师，土里面种的是什么啊？"我回答："现在是冬天，什么都不能种啦。""为什么冬天就什么都不能种啊？""种什么都不行吗？"……一连串的问题噼里啪啦地抛给我。孩子们的发现与关注，让我发现了一个非常好的教育机会。于是，我与孩子们开展了"冬天适合种什么"的游戏活动。

二、案例目的

1. 幼儿在对大自然事物的探究过程中，不仅能获得种植经验，还能通过教师引导他们利用观察、比较、操作、实验等方法，学习如何去发现问题、分析问题、解决问题，从而形成良好的学习态度。

2. 《3—6岁儿童学习与发展指南》科学领域中指出"幼儿的科学学习是探究具体事物和解决实际问题的过程"。在我和孩子们共同的生活学习中，我秉承的教育理念也是要激发幼儿的探究兴趣，让他们体验探究的过程，发展初步的探究能力。

3. 《幼儿园教育指导纲要》指出："幼儿教育要充分利用自然资源来扩充幼儿学习空间，为幼儿学习创设科学探究的环境资源，引导幼儿关注周围的事物和现象，提升幼儿对科学探究的兴趣和热情。"

4. 兴趣是最好的老师，兴趣能推动幼儿积极主动参与到游戏活动中。在自然角的种植活动中，让幼儿通过直接感知、亲身体验去观察、探究各种奇妙科学现象，从而获得最直接的经验及探究的乐趣。

三、过程与实施

情景一：冬天还能种大蒜！

一天，我在班级家长微信群中将孩子们的发现和提问以"分享孩子的精彩瞬间"这种小故事的形式分享给家长们，并布置了一项调查任务，请家长将自己查到的资料或者建议告诉孩子，再由孩子们带回班里和大家一起分享。

于是，"冬天我们可以种大蒜"就这样被孩子们重点关注起来了。很快，我们从食堂领来了二十几头大蒜，放在班上共享游戏区的"迷你小厨房"，并请前来参加游戏的小朋友帮助我们把大蒜分成瓣。因为考虑到室外温度低，所以只是分瓣，不用剥蒜皮。

几天之后，孩子们和保育老师一起在我们的户外种植园地里种下了一片大蒜。之后的一段时间里，只要是户外活动，孩子们都会过去看一看，期待着我们种下的大蒜在明年春天能够发芽长大。

情景二：为什么要剥蒜皮？

剩下的大蒜还有不少，我和孩子们商量如何利用起来，果果建议继续放在小厨房里，并请小朋友剥皮，大家一致同意。过了几天，剥好的大蒜因为放在有暖气的窗台上，很快长出了小绿蒜苗。发现这一情况后，孩子们又开始讨论该如何利用剩下的大蒜呢？大家七嘴八舌地讨论着各自的想法。淇淇因为和妈妈在家有过种植蒜苗的经验，她提出了建议："剩下的这些我们可以在班里种啊，蒜苗还能再长长一些呢。"

这个建议大家都同意，于是我将剩余的蒜瓣分到几个筐子里，准备带着孩子们一起剥蒜皮。如意剥了几个就累了，一边懒洋洋地继续手上的动作，一边自言自语："为

89

看见游戏 发现成长

什么要剥蒜皮啊？我们上次种的时候也没有剥皮啊？"这句话说出来后，孩子们又开始七嘴八舌地讨论起来了。乐乐说："不剥皮怎么就不行啊？我也不想剥了。"晨晨说："不剥皮怎么长蒜苗啊？"桔子说："我们在外面种植区种的是为了让它长成大蒜，屋里种的是为了长蒜苗，不一样。"孩子们发现问题后，有思考、有表达，珍贵的教育契机出现了。听完孩子们的讨论，我问："那你们觉得在班里种蒜苗，到底需不需要剥蒜皮呢？"孩子们有的说需要，有的说不需要。我继续说："好，既然大家意见不统一，我们来做一场实验怎么样？"孩子们的热情被调动了起来。

"为什么""凭什么"成了孩子们最喜欢问的问题，且针对不同问题，他们会结合已有的经验进行分析，寻找解决策略。《3—6岁儿童学习与发展指南》指出幼儿的科学学习是在探究具体事物和解决实际问题中，尝试发现事物间的异同和联系的过程。因此针对"为什么要剥蒜皮""以前没剥也能生长啊""剥和不剥会有什么不一样呢"等问题，结合中班幼儿"对比观察"的学习方式，我们倾听孩子们的想法，尊重他们的真实需求，鼓励幼儿大胆猜想，并通过开展"对比实验"支持幼儿探究。

情景三：大蒜都可以种在哪里？

在本次的种植活动中，只有大蒜是必须用到的材料，其他一切都由幼儿自主决定。接下来，孩子开始按照自己的意愿选择和种植大蒜。一天内，自然角中出现了以各种形式种下的大蒜：水里泡的、土里种的、盒子里放着的，剥了皮的、没剥皮的，整头的、分瓣的。

几天之后，大蒜开始发芽了，剥了皮的蒜头长出了嫩绿的蒜苗，而没有剥皮的大蒜还丝毫没有变化。实验结果出来了，之前的争执结果不言而喻，孩子们通过这样的实验自己总结出了结论。如意说："在室内种大蒜是要剥蒜皮的，这样才能长出蒜苗。"乐乐说："上一次我们种在外面的大蒜是没有剥蒜皮的，那是因为外面天气很冷，蒜皮可以保护大蒜。"大果果说："外面种的不剥皮的是种子，是为了长大蒜，屋里种的剥皮的是为了长蒜苗。"

亲身经历是探究式学习的最好形式，要把主动权交给孩子，老师只是作为协助者，不提供自己的意见。这种通过个体主动学习和同伴互相学习来获得客观事实的科学经验，才是科学探究活动的本质。

情景四：摆放太乱了，不方便观察！

又过了几天，自然角来了几位小朋友记录植物观察情况。拱拱负责记录土里种的剥皮的大蒜，因为摆放杂乱无章，他在自然角里来来回回观察、对比再记录，反复走了几次。我知道拱拱发现问题了，我变得欣喜又急迫，差点没控制住自己想要冲上去"引导"一番。但理智又及时地拉住了我，心里开始默默地念叨在培养幼儿自主性发展时常常用来提醒自己行为的一句话："儿童的世界，是儿童自己去探索、去发现的，他自己求来的知识，才是真知识，他自己发现的世界，才是他的真世界。"于是，我按捺住冲动，选择默默地观察。

拱拱站在那里，琢磨了一阵子后，放下了手里的记录表，开始倒腾各种种植盒，把他需要观察的所有种在土里的剥皮大蒜都放在了一起，然后满意地开始记录起来。桔子在一旁看到了拱拱的行为，问了一句："拱拱，你是在分类吗？"在得到拱拱的肯定回答后，桔子也开始倒腾她负责的另一种方法种下的大蒜，三两下就把它们摆放到了一起。我在一旁没有搭一句话，欣喜地观察了全过程。

作为教师，一定要善于观察孩子，善于发现和保护孩子的好奇心，充分利用自然和实际生活中的机会，引导幼儿学习如何去发现问题、分析问题、解决问题，帮助他们不断地累积知识经验，并运用到生活和学习中，从而形成受益终身的学习态度。

情景五：下次我也要试试！

区域活动小结时，我提议由拱拱和桔子来介绍一下自然角观察种植的情况，两位小朋友因为有了前后的实践对比，也总结出："应该在种植区分类摆放，这样才方便观察和记录。"孩子们喜欢互相学习，也有很多以往累积的已有经验，大部分小朋友触类旁通，很快就将自然角里所有种下的大蒜按照他们实验的种植方法（水培、土种、空气种植）、种植材料（带皮蒜瓣、剥皮蒜瓣）来了个分类与对比，并重新摆放和划分区域。这样一来，不仅帮助幼儿从视觉

看见游戏　发现成长

观察和方便操作的角度进行了重新整理，还帮助幼儿理解了在科学探究的过程中，需要积极动手动脑寻找答案、解决问题。

因为植物的生长速度是不同的，有一些植物很快就能发生变化，还有一些植物变化就比较慢，即使相同的植物种子在一天内种下，它们也会因为光照、水分等多种因素造成生长速度不一致的情况。所以下一步我们将引导幼儿学习将两种相同的植物或者两种不同的植物进行比较观察，有意识地引导幼儿逐步掌握对比观察的方法，使幼儿的观察面更加细致、全面、有效。

四、案例反思

在这片科学种植小天地中，幼儿通过自我发现（为什么要剥蒜皮）、小组讨论（通过实验证明结论：是否剥蒜皮取决于种在哪里）、同伴间学习（幼儿在观察大蒜生长过程中，主动探索与调整）、总结梳理（同伴间的经验分享：分类摆放更便于观察），在一次次探究活动的支持下，不仅获得了对种植活动本身的初步体验和经验，而且在探究热情、探究兴趣、尊重客观事实的科学态度等方面都取得了较好的教育效果。最终在这样不断地猜测验证中丰富和调整认知经验，这种学习方式，过程比结果更重要。

教师在活动中也在推进幼儿的学习与发展，我们常说，"一个好的教师应确立两个意识：发展意识和课程意识"。在活动过程中我们以《3—6岁儿童学习与发展指南》为依据，通过材料投放、适时引导支持幼儿的活动（根据孩子发现的问题，引导幼儿思考大蒜都可以种在哪里），并通过对幼儿在活动中行为的观察、分析和指导助推幼儿的学习与发展。

能够走近幼儿、研究幼儿，反思教育实践，提高教育专业能力，作为教师，在这样的过程中，我也受益匪浅。过程中也有很多自己的反思，后续我将继续思考与实践，在与幼儿共同发现、共同探究、共同反思、共同进步中获得更多、更有效的指导策略与教育经验。

表演区的敲敲乐

郭振亚

一、案例背景

《3—6岁儿童学习与发展指南》中明确地指出:"幼儿的游戏活动主要指他们自发、自主的活动。"在幼儿园表演区游戏中,幼儿可以自主地进行音乐活动,可以用唱歌或舞蹈来进行交流和情感表达。幼儿自发的动作也许并不优美,哼唱的曲调也许并不动听,但正是因为表演区能够给孩子这种自由表达的机会,所以表演区对幼儿而言充满吸引力。

二、案例目的

1. 让幼儿能够轻松愉快地摆弄乐器。
2. 让幼儿认识乐器并记住名称及使用方法。
3. 让幼儿学习敲击易于操作的乐器,并使其发出好听的声音。
4. 让幼儿养成爱惜乐器的好习惯。

三、过程与实施

情景一:有趣的小木琴

在一次区域游戏时,我来到表演区看到郭思彤站在小舞台旁边,观看小伙伴表演节目,却并没有要参与他们表演的意思。

她转过头发现我走了过来,于是来到我的身边,拉起我的手说:"郭老师,郭老师,我们一起玩吧。"我回答道:"可以啊。"她拉着我的手走到了小木琴的旁边,顺手拿起小木槌后转头看向我,问道:"这个怎么玩啊?"我并没有立刻回答她,而是反问:"你觉得它可以怎么玩呢?"她拿起小木槌敲了一下:"它是敲的。""叮"的一声,小木琴发出了好听的声音。

看见游戏　发现成长

我说："哇，好听！它可以发出好听的声音。"紧接着我又说，"你继续敲，它还可以发出更好听的声音。"于是她开始用小木槌一个一个地敲打着每一个琴片，使它们都发出了声音。看到她开心地敲打着，于是我问："彤彤，你仔细听，它们发出的声音一样吗？"彤彤听懂了我的话，于是放慢了敲打小木琴的速度，每敲一种颜色的琴片，就会停下来听一听，直到把七种颜色的琴片全部敲完，开心地告诉我："郭老师，它们的声音都不一样。真好听。"

分析：

小班的孩子刚刚步入幼儿园，大多未接触过打击乐器。那如何让这些能够发出声音的玩具走进孩子们的日常生活中，让他们喜欢上这些可以敲敲打打的乐器呢？基于对小班幼儿的心理特点的研究，学期初，我将这些乐器投放在表演区里，一个幼儿可以看得见、摸得着的地方，期望在区域游戏或过渡环节激发幼儿敲敲打打的兴趣，鼓励他们在自由敲打探索的过程中认识这些小乐器。

在一次区域游戏时，彤彤小朋友看见我来到了表演区，于是就邀请我和她一起游戏。她选择了小木琴，并随意地、没有目的地敲打着。当我发现这一现象时，通过提问"彤彤，你仔细听，它们发出的声音一样吗"，引起了彤彤的注意。彤彤由之前随意地敲打，到后来敲一下听一下，我可以感受到她是有目的地在敲打，然后认真地听着每个琴片发出的声音，最后得出结论：每个琴片发出的声音是不一样的。通过彤彤的表情和行为，可以看出彤彤为自己的这一发现感到非常开心。

情景二：彩色的节奏卡片

每到区域游戏或者过渡环节，彤彤都会来到表演区敲敲打打，演奏一曲。还会主动地问旁边的小伙伴："好听吗？你听我敲得好听吗？" 接下来的游戏中，我发现彤彤在熟悉了小木琴的玩法后，敲打的速度快了起来，一会儿敲敲这个，一会儿敲敲那个。我走过去蹲下来，指着一些彩色的节奏卡片对她说："彤彤，你看，你知道这是什么吗？"她停下了手里的小木槌，摇着头说道："不知道。"我告诉她："这些彩色的卡片是图谱，演奏家在演奏好听的曲子时会

看着图谱来有节奏地表演。你也可以看着这些图谱来表演呀。你仔细观察，卡片上的颜色和琴片的颜色一样吗？"她看了看："它是黄色的，它也是黄色的。"我说："彤彤观察得真仔细，图谱上是什么颜色就敲什么颜色的琴片。试一试吧。"彤彤并没有立刻动手，而是先认真且专注地观察了一会儿后，才开始指着图谱上的黄色，一边说"黄色的"，一边在小木琴上找到黄色的琴片敲打了一下；接着指着图谱上的红色说"红色的"，又在小木琴上找到红色的琴片敲打了一下……她依次按照图谱的颜色一边指认一边敲打，直到按着顺序敲打完所有的琴片才停下来。最后，她像是完成了一件很重要的事情一样，开心地给自己鼓掌。

紧接着，彤彤主动地去替换另一张节奏图谱，但是我发现她自己观察了半天，也没有动手操作。正当我想问她时，她转过头主动地问我："郭老师，这个怎么玩啊？"我说："这个图谱跟刚才的图谱玩法是一样的，只是它有几个颜色你就要敲几下。"她用力地点了点头："知道了。"于是，她指着图谱中的红色说道："1、2。"然后找到红色的琴片，边敲边说："敲、敲。"她指着节奏图上的草莓说："1、2、3、4，4个。"她想了一下，拿起小木槌连着敲了4下；"敲、敲、敲、敲，我敲了4下。"我边给她鼓掌边夸赞："彤彤真聪明，学会看图谱来表演了。"彤彤听到老师的表扬后，非常开心。

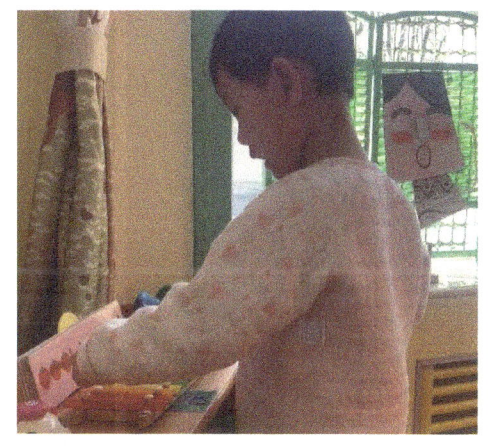

分析：

打击乐是要听着音乐，按着节奏、节拍敲打，这种敲打应基于对歌曲节拍、节奏等音乐元素特征的理解，这些理解是幼儿音乐感受力的具体表现。小班幼儿由于年龄小，游戏能力水平有限，所以愿意尝试操作这些易于敲击的乐器。从游戏中，可以观察发现彤彤小朋友自始至终都在操作并探索乐器的玩法。同时，也可以感受到彤彤的兴趣点一直都在这个玩具上。有了前两次游戏的铺垫，彤彤在面对有难度的节奏卡片时依然保持着认真和专注的态度，一边数一边敲，并且自发地用自己的方式表达出来，如"1、2、3，敲、敲、敲"这样有节奏的语言。相信通过这次游戏，彤彤对节奏的游戏有了更多的认识和理解。

情景三：打击乐表演《小星星》

《小星星》是幼儿最熟悉和喜欢的歌曲之一，大家都能跟着一起哼唱。而且在彤彤会按着节奏图谱来敲打乐器的基础上，我把《小星星》的曲子用图谱的形式呈现出来，并投放在表演的环境中。彤彤看了看这张图谱，拿起小木槌在琴上按着颜色敲起来。过了一会儿，跑过来对我说："郭老师，这个是《小星星》，我会唱。"说完，拉着我的手来到了表演区："你听听。"她一边看着图谱一边敲打，直到敲打结束。她看向我说："是不是《小星星》？"我用惊喜的表情回答她："真的是《小星星》啊。你是怎么敲的呢？快教教我吧。"彤彤用她自己的语言和动作，一边操作一边哼唱教我。在游戏结束时，我请彤彤在大家面前表演这首《小星星》，彤彤大方且自信地为大家展示着。表演结束后，小朋友们都在为彤彤鼓掌，此时的彤彤，脸上露出了开心和自信的表情。

分析：

当幼儿有了初步的节奏感后，我就选择合适的音乐材料，让幼儿能够将简单且易于敲打的曲子演奏出来。如《小星星》这首曲子是幼儿耳熟能详的，但让他们拿上小乐器演奏，却能使幼儿产生一种新的感受和体验。在唱唱打打的活动中，幼儿不仅初步感知了乐器演奏与演唱的关系，还体会到自由敲打与看图谱有规律敲打的不同。

由此可见，材料在幼儿的游戏中也起着非常重要的作用。投放什么样的材料、什么时间投放，都是教师要考虑的。比如教师观察到幼儿对小木琴不熟悉的时候，并没有给予幼儿答案，而是给幼儿提供成长的空间和机会，鼓励幼儿自己大胆地去尝试和探索。在幼儿会操作的基础上，加入了节奏图谱，激发了幼儿的兴趣，再到最后提供完整曲子的图谱，这种由易到难、层次分明的方式，使幼儿在乐意操作、主动操作的情况下去探索和发现，大大地提高了幼儿学习的主动性和积极性。

四、案例反思

在日常的教学活动中，我发现打击乐教学加上图谱非常符合幼儿的感知觉特征，尤其是低年龄段的幼儿。这不仅能够提高幼儿对乐器演奏的兴趣和能力，还帮助他们对形象化的图解投入较长时间的关注，延长了他们的注意力时间。

节奏是音乐的要素，没有节奏就没有音乐，而节奏感是音乐能力的重要组成部分。小班幼儿年龄小，要让他们理解节奏，一定要从他们身边熟悉的事物中入手，寻找节奏。如小鸡叫"叽叽叽叽"、下雨"滴滴答答"等。在生活、大自然中到处充满着节奏，我们不仅要在打击乐教学中对幼儿进行节奏感培养，更重要的是引导孩子们从身边的环境中去寻找、去发现，从这个充满声音的世界中去倾听和感受，孩子们一定会发现这些声音的变化，如有快、有慢，有清脆、有沉闷……当然，我们也会告诉他们，这些被他们发现的有规律的声音就叫作"节奏"，并且鼓励孩子们去倾听节奏，模仿简单的节奏，从而逐渐培养他们的节奏意识。

毛毛虫变蝴蝶

任 莹

一、案例背景

这天，彩虹兴致勃勃地和大家分享了一本叫作《毛毛虫去哪儿了》的故事书，她绘声绘色的分享很快激发了其他几个小朋友的好奇心。小朋友们纷纷说："毛毛虫长大了就变成蝴蝶了对吗？""不是，它得先变成蛹才行。""那毛毛虫得有多久才能变成蝴蝶呀？"孩子们你一言我一语地讨论着，这时思涵满脸好奇地问我："任老师，你见过毛毛虫吗？"我回答："我小时候见过毛毛虫。"元宝接着问："任老师，你见过毛毛虫的蛹吗？"我摇摇头，表示没有见过。甜甜有点遗憾地说："我们只能看书里的毛毛虫了。"

阅读完《毛毛虫去哪儿了》这本书，孩子们知道蝴蝶是从卵宝宝一点一点变化而来的，并对毛毛虫产生了强烈的好奇。在《幼儿园教育指导纲要》中科学领域的指导要点强调，要创造条件让幼儿实际参加探究活动，使他们感受科学探究的过程和方法，体验发现的乐趣。于是，我决定将蝴蝶的卵请到班里，让孩子们与它的变化过程展开一次亲密的接触。

二、案例目的

1. 让幼儿能根据观察结果提出问题，并大胆猜测答案。

2. 让幼儿愿意与他人交谈，喜欢谈论自己感兴趣的话题，能基本完整地讲述自己的所见所闻和经历的事情。

3. 让幼儿能通过收集信息的方法，以绘画、图片等方式了解毛毛虫变蝴蝶的有关信息，并愿意与大家分享。

4. 让幼儿在观察过程中，愿意用图画、符号或照片的方式表达自己的发现和想法，并做记录。

5. 让幼儿乐意与人交往，学习互助、合作和分享。

6. 让幼儿通过欣赏观察，能大胆用自己喜欢的方式进行艺术表现与创造，富有个性地表达自己的情感和体验。

三、过程与实施

情景一：卵宝宝来了

卵宝宝的到来，让孩子们十分地惊喜。他们对卵宝宝变成蝴蝶充满了期待。一天，甜甜拿着放大镜小心翼翼地观察卵宝宝后，轻声地对一旁的思涵说："你看，卵宝宝变黑了！"博约听了，也拿着放大镜认真观察起来，他似乎也发现了卵宝宝的变化。"老师，卵宝宝变黑了。"博约疑惑地看着我说。我看了看卵宝宝，回应道："你们观察得真仔细，你们觉得它为什么会变黑呢？"甜甜说："卵宝宝是不是该洗澡了？"博约小声地说："它是不是就要出来了呀？"我点了点头。博约得到了老师的肯定，瞬间充满了自信，说话的声音也大了："是毛毛虫要出来了！书里就是这么说的。"

细心的甜甜和博约发现了卵宝宝的变化。从孩子们的对话中，我看到他们对卵宝宝的生长变化充满了好奇，他们不仅对卵宝宝进行了细致观察，还仔细地阅读了《毛毛虫去哪儿了》这本书。为了让孩子们更顺利地观察卵宝宝的成长，我和孩子们一起在班中的自然角创设了"蝴蝶的家"，还通过搜集活动找到了很多照顾蝴蝶宝宝的方法，如不要用手碰卵，也不要晒阳光；幼虫期要喂它充足的叶子，否则同伴间就会互相残杀；毛毛虫变成蛹后不能晒阳光，更不能用手动它，而且要每天给它喷一点水。在了解了照顾方法后，孩子们每日精心地照顾它们，每发现一点点变化，就会惊喜地告诉小伙伴们，为了方便幼儿回顾和观察，我们为幼儿提供了观察记录本，鼓励幼儿以绘画

看见游戏　发现成长

或照片的形式记录卵宝宝的生长和变化过程，发展了幼儿的探究能力，并满足了他们持续观察的愿望。

情境二：初见毛毛虫

第二天，孩子们又惊喜地发现黑黑的卵不见了，他们拿着放大镜寻找卵宝宝。突然，思涵激动地喊道："卵宝宝变成毛毛虫啦！它在动，在这里呢！"这句话引发了孩子们的一阵骚动，彩虹问："它好小呀，这是真的吗？"希希也有些纳闷："这么小能变成蝴蝶吗？"思涵好奇地说："毛毛虫会咬我吗？"……大家你一言我一语地讨论着。就在这时，元宝指着毛毛虫，惊奇地说："我看见有个黑色的东西从它的身体里出来了。"艾薇捏着鼻子笑道："哈哈，毛毛虫在拉屁屁吧？"大家哈哈大笑起来。我说："毛毛虫一定很喜欢你们，小朋友们要好好照顾毛毛虫。"思涵自告奋勇，站到前面说："我要把它出生的样子画下来，它好小、好可爱呀！"希希说："我再给它们加几片新鲜的叶子吧，它们好快快长大。"我笑着说："这真是个不错的主意。相信毛毛虫一定会很喜欢你们的。"

很快，周五到了，元宝望着毛毛虫，忧虑地说："小朋友们放假，那毛毛虫怎么办？"其他小朋友也纷纷说："谁来给毛毛虫换叶子？""我们回家，毛毛虫就孤单了。""我要带它去我家。"……经过讨论，大家一致同意，周末由小朋友们轮流带毛毛虫回家去照顾。我说："轮流带回家照顾是个好办法，但是毛毛虫吃的树叶在班里，怎样才能让毛毛虫在家里也能吃到新鲜的叶子呢？"梓培说："我有一个好办法，可以把叶子放在冰箱里。"思涵说："对，一回家就马上放冰箱里，这样才更新鲜。"甜甜提出了疑问："那毛毛虫一天需要吃几片叶子？"通过讨论，大家一致认为毛毛虫吃光了叶子再换一片新鲜的就好。

在照顾毛毛虫的过程中，大部分孩子对毛毛虫产生了浓厚的兴趣，他们用自己的方式表达对毛毛虫的喜爱和关心。孩子们用画笔记录下毛毛

虫的成长变化，兴奋地与同伴分享着自己的发现。当发现周末无人照顾毛毛虫的问题时，孩子们积极地表达着自己的想法，用实际行动来照顾毛毛虫。根据孩子们的发展需要，我们还在班级美工区投放了丰富的美工材料，除各种纸张、笔以外，还有多种材料支持幼儿的美工制作，如手纸筒、纸盘、毛球、毛根、纸条、彩泥等，还有一些自然物，如不同大小的木桩、小石头、树枝等，以此来鼓励孩子们大胆动手操作，激发他们创作的兴趣。

情景三：毛毛虫变蝴蝶

经过孩子们的精心照料，毛毛虫成功挂蛹了。随着时间的推移，蛹的颜色也越来越深。一天，思涵来到了蝴蝶屋，惊讶地说："老师，你看！蝴蝶出来了。"其他小朋友听到后，也都围过来，欢呼道："蝴蝶出来了！好美呀！"乐乐问："它是怎么出来的呢？"小宝说："它换上蝴蝶衣服飞出来了。"大壮说："用嘴咬破出来的。"皓皓说："用头顶破钻出来的吧。"甜甜说："它在蛹里换好蝴蝶裙子出来的。"……围绕蝴蝶的讨论越来越热烈。彩虹说："我们用相机把它出蛹的过程录下来吧。"乐乐说："好呀好呀！这样我们就知道它是怎么出来的了。"元宝说："那我们可要一直看着这些蛹。"思涵看着我说："任老师，你也帮我们看着它们吧！"我笑着对他们说："没问题！我和高老师、冯老师都会帮你们看着的。"

第二天，元宝跑过来找我："任老师，我发现有个蛹的壳全都透明了，它好像快出来了。"于是，我拿来相机记录下这"破茧成蝶"的一瞬间。孩子们边看边说："好神奇啊！它是一点点钻出来的。""它出来时翅膀还是皱皱巴巴的。""原来它要经过很长时间才能飞呀！"……孩子们激动地谈论着。

又经过两周的等待，所有的蝴蝶都出来了。在这个过程中，我们经常看到孩子们在蝴蝶屋里用放大镜仔细观察蛹和蝴蝶；在美工区用画笔、纸、超轻黏土和多种材料创作毛毛虫和蝴蝶的故事；在表演区学着蝴蝶的样子翩翩起舞……

孩子们的艺术创作源于对生活、自然的观察，和对身边所有人和事的观察。为了进一步帮助孩子们认识、感受蝴蝶，我们在蝴蝶屋里投放了小画夹，满足幼儿在观察、欣赏蝴蝶时记录蝴蝶飞舞、采花粉的情景及其他写写画画的愿望。我们还建议家长们带孩子去蝴蝶园进行参观，观察大自然中的毛毛虫与蝴蝶，以获得更多的灵感。当孩子们将自己的发现以多种形式展示给大家时，不仅丰富了班中所有小朋友对蝴蝶的认识，还促进了他们的语言表达能力、探究能力、表现创造能力的发展。

四、案例反思

（一）顺应幼儿兴趣，让兴趣助推活动

整个活动的开展源于幼儿的兴趣，这种兴趣促使他们能在较长一段时间内持续去自然角观察。在活动中，孩子们自发地轮流把毛毛虫带回家照顾；想到要把毛毛虫出生的样子记录下来；要为蝴蝶造一个家；等等。孩子们的每一个想法都基于之前一个活动中他们的发现与探究，而且这些活动没有教师的直接引导和介入，都是幼儿自主讨论完成的，这让我看到了兴趣的力量。作为教师，当我看到幼儿对活动如此感兴趣，首先想到的就是要顺应他们的兴趣，支持引导他们开展活动。

（二）提供宽松的探索环境，支持和引导幼儿多方面发展

环境不只是提供适宜的活动空间，投放充足的游戏材料，还要给予幼儿游戏时的自主氛围。在饲养蝴蝶宝宝的过程中，我们把自然角与美工区相结合，创造了"蝴蝶的家"，孩子们可以在"蝴蝶的家"里席地而坐，感受这份放松、自由的空间氛围。在这儿，我看到了幼儿自主地探索与体验，他们在感受的过程中体验愉悦，在讨论的过程中积极解决问题，在创作的过程中表达美、创造美、传递美。幼儿的发展都来源于我们给孩子提供的自由的空间和丰富的材料，来源于我们对孩子的接纳和支持，促使孩子们得到多方面的发展。

（三）把幼儿推在前面，支持幼儿自主解决问题。

在探究蝴蝶一生的旅程中，孩子们用好奇的眼睛去观察，用稚嫩的笔触去记录，用天马行空的想象和灵巧的双手去创作。而我始终是一个隐在暗处的观察者、不动声色的引导者，通过观察了解幼儿的意图，在合适的时机，把问题抛给幼儿，把他们推到前面，支持他们自主思考、解决问题。我看到孩子们为了实现自己的愿望去寻找解决办法，这个过程让我重新认识了我的孩子们，他们是一群善于思考、积极表达、富有想象力和创造力的主动学习者。

签到这点事儿

薛 欢

一、案例背景

刚升入大班，一切都是新的开始。签到作为一天中的起始环节，对于刚进入新阶段的幼儿来说，更是一件重要而又艰巨的事情。在每日早晨的签到中，有的幼儿已让签到成了一种习惯，但是有的幼儿时常还是会忘记签到，同时在幼儿的对话及行为中，我发现这样的签到方式是他们不感兴趣的，签到的积极性也大不如前。因此幼儿对签到这件事有了新的看法，这也改变了教师对原有签到意义的看法，在幼儿的眼中，签到是怎样一回事呢？

二、案例目的

1．激发幼儿对小学生活的好奇和向往。

2．让幼儿会正确书写自己的名字。

3．让幼儿初步理解量的相对性。

4．让幼儿认识时钟，形成时间观念。

5．让幼儿愿意与他人讨论问题，能围绕一个问题进行有序、连贯、清楚的讲述。

三、过程与实施

情景一：从"初级"走向"进阶"

每天早上，幼儿进班的第一件事就是要在签到墙上写下自己当天的出勤情况，他们会将自己的学号写在对应的位置上。刚开始的几天，大部分幼儿都能够进行签到。几天后，情况却发生改变，签到墙上只有寥寥无几的学号，而在我的提醒之后，幼儿纷纷表示忘记了。针对这样

看见游戏 发现成长

的情况,我和孩子们进行了一次讨论。我将拍下来的签到墙照片和幼儿分享。"孩子们,从这张图片上你看到了什么?"

登登:"签到的小朋友好少啊!"

娟娟:"是啊是啊,是不是小朋友们都忘记签到了呀?"

遒遒:"我觉得签到不好玩。"

玉米:"我也这么觉得,我不想签到。"

……

孩子们的回答让我很惊讶,原来签到对他们来说是件既不好玩又无聊的事情。"不好玩、不想签"这两个词也让我豁然开朗,对于形式上的签到,幼儿更喜欢有趣的。怎样能让签到成为他们感兴趣、喜欢做且有意义的事情呢?在平时的观察中,我发现幼儿之间求胜的心理是比较强烈的,于是为了提升签到的有趣性,班级便开展了"男生女生打PK"的盖楼房比赛,男生女生各为一队,比一比谁的楼房盖得高。通过调整签到的方式,幼儿对楼房的高度有了要求,对签到的关注度也更高了。相对来讲,班级的签到人数也增多了。

东东:"哈哈,今天女孩子的楼房比男孩子的高了哦。"

大圣:"你可别神气,明天我们就能获胜的。"

景谊:"我们今天的楼房是18层,男孩子是16层,我们的楼层比男孩子的高。"

艾米:"男孩子,你们要加油喽!"

……

就这样持续了几天,短暂的热闹后随之而来的是冷清,签到再一次被幼儿"冷落"了。原本高高大大的楼房现在变成了"烂尾楼"。

起起伏伏的状况也让我重新思考签到对幼儿的意义。单纯的比谁的楼房高是短时间内的有效途径,随着幼儿兴趣的逐渐消失,这种方法也会失败,幼儿需要在签到这个环节中得到相关的经验。根据大班幼儿的年龄特点,签到对于他们来讲不仅要好玩,还要有用才行。

情景二:从"冷清"走向"高潮"

"老师,你知道吗?我哥哥上小学了,我昨天看见他自己在作业本上写名字,哇,好厉害!而且哥哥还能写我的名字呢!"娟娟和我分享说。

宁宁回复道:"当然啦!我妈妈说上小学一定要学会写自己的名字,我现在只会写'方'字和'宁'字,'旖'字我还在练习呢,看,我在签到墙上就写了'方'和'宁'!"宁宁边说边指着签到墙给小朋友看。签到墙上有极少数的幼儿会写名字中的复杂的字，说到这里，来围观的小朋友逐渐多了起来，他们都觉得会写自己的名字是一件特别了不起的事情。于是我便将写自己的名字和签到结合在了一起，将"男生女生盖楼大PK"提升了挑战难度——用自己的名字进行签到。

"啊？这太难了吧！我的名字很难写。"冉冉说。"试试嘛，你都还没做就放弃啦？"一旁的小朋友反问道。其他人的眼睛里充满了期待，并且嘴里还嘟囔着："会写自己的名字，那也太酷了吧！我现在就想学。"盖楼房的升级版开始了，放学后，有家长发来消息，照片中，幼儿认真地学习着写自己的名字，看到这里，我更多感受到的是幼儿为做一件事而进行的尝试和努力，而我也期待着签到活动的再次高潮。

后来在签到墙上一点一点呈现出的是学号和小朋友名字中的个别字，渐渐地，文字数量超过了数字，不时还会有幼儿来向我分享他的好消息："老师老师，我会了，我会了，我会写了……"他边拉着我的手边往签到墙走去。"老师，我今天是用自己的名字签到的哟。"祺祺在和我分享的时候，满脸的自信、欢喜和成就感。我也同样兴奋地为他鼓掌和回应："你也太厉害了吧！这是你第一次完整地写出自己的名字，我帮你拍下来记录哟。"祺祺频频点头表示同意。幼儿陆续将自己的名字写在签到墙上，签到活动再次迎来了高潮，这一次好玩又有用，也达到了大班孩子对活动的标准。

幼儿对签到这件事有着自己独特的看法，他们会将身边所发生的现象结合在自己的身上，也可以说是生活经验的迁移。在此过程中，幼儿对签到的目的和用途有了更加清晰的认识。不只是出于形式上签到，而是要让幼儿知道，签到对他们自身发展的好处，是他们即将上小学所需要的能力。更是结合着幼小衔接的目标，幼儿对上小学有着强烈的愿望和期待，在此之下发生的种种，才是幼儿能驾驭并且有兴趣的。但是对于教师而言，对活动评价的标准还有一个非常重要的维度，即促进发展。

情景三：从"经历"走向"经验"

怎样在幼儿喜欢的游戏当中促进幼儿的发展呢？怎样让签到这点事儿促进幼儿的发展呢？结合《3—6岁儿童学习与发展指南》社会领域、科学领域的目标，在"我们的名字"主题活动背景下，通过拓展游戏内容——"我是小小签到员"，帮助幼儿不断提高"写名字"的能力。

彭彭："一一，我会写你的名字，之前我在图书区里写过的。"

一一："好啊好啊，你的名字我也会，我帮你签。"两个人交换着写对方的名字，长此以

看见游戏　发现成长

往，幼儿不仅会写自己的名字，还会写其他小朋友的名字。在区域活动中也有了更多的书写机会。"我会写""我帮你写"也更多地出现在孩子们的交流中。

一天早上，班上发生了这样的一件事情。

九儿说："今天我来得最早，是班级里的第一名哦！"

小小熊说："我才是第一个啊，我第一个来的。"

"可是我是第一个签到的，我才是第一个。"九儿反驳。

小小熊说："是我先来的，只不过我是后来签到的。"两个人就"谁是第一个到达班级的小朋友"这件事进行着争论。后面进来的崇崇打断了她们两个人的对话："你们两个去看看时间不就知道是谁先到的了吗！"九儿和小小熊两个人面面相觑。"可是我忘记了我是几点来的了。"九儿回复说。

小小熊："我也不知道是几点。"顿时大家都不说话了。

"我有一个好办法，你们想听听吗？"我说。

"嗯？是什么办法，我们要听。"孩子们附和。

"我们班的小朋友现在是不是已经学会认识时间了呀？我们可以每天签到时，在自己的名字后加上你到班级的时间，这样我们就知道谁是先来的啦！你们觉得呢？"

"对呀对呀！这是一个好办法。"小小熊说。

"那我们从明天开始就来试试吧！"

"好耶好耶……"

当天晚上我就将一个和班级里相同的时钟放在了签到墙的旁边，方便第二天幼儿签到的时候看时间。第二天，孩子们争先恐后来到班级，兴致勃勃地开始了自己的签到"仪式"。可是好景不长，来得早的小朋友进行签到和读时间时，在后面排队等待签到的小朋友却说："能不能快点啊！已经过了很长时间了啊！"由于前面的小朋友读时间速度太慢，后面的小朋友就没有充足的时间进行签到。对此我及时地进行了材料的调整，我将时钟换成了方便认识和读时间的电子数字钟表。在之后几天，孩子们顺利地将时间融入了签到当中，也正是有读时间这个环节的加入，他们来幼儿园的时间也相比之前有了大大的提前，这不仅促进了幼儿在数学与科学领域的发展，也为幼小衔接做了充分的准备。就这样在签到这件事上，孩子们经历了"我们不愿意签""我们要签""签了也没用""我帮你签""我7：50签"的过程。

曲折的经历，让幼儿和身为教师的我进行了思考，我需要从幼儿的本身出发去考虑其有趣和用途，从教师角度出发思考对幼儿发展的重要性。形式总是处于表面，在形式下会有更深层次的含义。读时间环节的加入锻炼着幼儿对时间的认识，从而使幼儿在科学领域中得到发展，在日常生活中，更是培养幼儿上学不迟到的良好习惯，真正地体现了教育寓于生活。

四、案例反思

以签到为契机，记录幼儿在这个过程中的学习发展轨迹，让身为教师的我从幼儿的身上发现更多可学习的地方。在幼儿的眼中，感兴趣作为首位，其次是背后的意义。但我们成人往往是将活动的价值和意义放在前，一个活动到底是否具有发展幼儿能力的潜能，以及活动本身给幼儿带来的益处，这就会导致教师忽视幼儿在活动中的感受和体验。在这个案例中，幼儿从被动的签到转变为因自身的需要和感兴趣的主观意愿，这样的一个过程也恰恰印证了"幼儿视角"这个词语。教师的及时引导和物质材料的支持，在一定程度上满足了幼儿的需求，在过程发展中起着促进的作用。教师则是更多地去捕捉幼儿的矛盾点，及时地给予支持和帮助。好玩、有用、促发展集为一体，让枯燥无味的签到变成培养幼儿良好生活习惯的途径，并结合数学、科学及社会领域，提升幼儿的发展水平。

反观整个过程，起起又伏伏，多次的冷清，以及多次冷清后的高潮，证实了幼儿的主体地位及主动学习的重要性。这样的案例既促进幼儿的学习发展，又体现了教师在教育思考和教育观念上的转变。

我们一起包饺子吧

赵 晨

一、案例背景

此游戏活动来源于本班主题活动"我是健康小卫士",在活动中我们借助游戏与讨论的形式,与幼儿共同学习自我保护的方法,如锻炼身体,多吃水果蔬菜和其他健康食物等。随着主题活动的开展,幼儿进一步提高了生活自理能力,初步养成了良好的卫生行为习惯。我们在区域游戏中也投放了与主题活动相关的游戏材料,如娃娃家的食物金字塔、蔬菜,美工区的超轻黏土与制作步骤图等,幼儿可选择自己感兴趣的材料进行制作与游戏,感受健康食物给自己身体带来的好处。在美工区游戏的过程中,幼儿跟随步骤图捏了很多的食物,如苹果、柿子、胡萝卜等,在区域小结时我们一起分享了捏制食物的方法,意在启发幼儿结合自己的生活经验与食物金字塔去制作更多的健康食物。第二天,鹏鹏进入了美工区,打开了超轻黏土的盒子,于是我们的包饺子体验开始了……

二、案例目的

1. 让幼儿喜欢参与活动,能够在成人的安抚下保持比较稳定的情绪。
2. 让幼儿在参与家务活动中进一步提高生活自理能力。
3. 让幼儿在活动中初步了解食物的营养价值,能够在教师的引导下做到不偏食、不挑食。
4. 让幼儿愿意与同伴、教师分享,表达自己在活动中的发现、需要和想法。
5. 让幼儿能根据自己的兴趣选择游戏,为自己的活动成果感到高兴。

三、过程与实施

情景一：美工区的小饺子

鹏鹏在吃完早饭后进入了美工区，他先抬头看了看窗台上的柿子，拿起柿子旁的小秋千中的黏土柿子捏了一下之后，转身取出了超轻黏土的盒子，打开了绿色的黏土盒子，并取出一小块黏土。然后，他突然站起来去架子上拿出了泥工板，将黏土放在手里团了团，团成了一个圆球，在手心里按了按后，又将黏土团成球，双手手心合起来反复按压，放在泥工板上按压，开心地自言自语："我的饺子快做好了。"观察了很久的我忍不住问道："你的饺子是什么馅的啊？"鹏鹏听到后拿起一个橘红色毛绒球："是胡萝卜馅的！""为什么是绿色的饺子皮呢？"我追问。"因为是蔬菜饺子皮啊！"他一边说一边将毛绒球放进他的绿色饺子皮里，合起来捏了捏后，笑着举起来和我说："我的饺子包好了。"我看看他的饺子，对他说："你的饺子馅漏出来啦，要捏紧哦！"他低头专注地将饺子放在泥工板上，用手指捏紧饺子的边后再次高兴地向我展示："我包好了！""你的饺子包得真好，包好的饺子我们可以做什么呢？"我问。鹏鹏想了想，站了起来说："给小宝宝吃！"说完他便将饺子送到了娃娃家的锅里。

在区域小结时，我们一起分享了鹏鹏的劳动成果——饺子，鹏鹏兴奋地向大家介绍自己的饺子和包饺子的方法。"我也想包饺子！""我也想去！"小朋友们纷纷说道。大家的兴趣就这样被调动起来了。

看来小朋友们对饺子很感兴趣，我班正在开展的"我是健康小卫士"主题活动也在倡导小朋友多吃健康食物，让身体更强壮。我想，小班幼儿处在模仿时期，游戏经验都来源于日常生活经验，饺子是他们在幼儿园和家中经常接触到的食物，在包饺子的过程中感受从原材料（面粉）变成可以吃的饺子的神奇之处，通过自己的努力做出美食，为自己的成就感到骄傲的同时感受健康饮食带来的快乐。这种通过游戏所获得的体验远不是一次区域活动能够给予的。那我们为何不在娃娃家开展包饺子的游戏活动呢？让孩子们在游戏中切身体验擀皮、捏皮的过程，于是我在娃娃家投放了白色的超轻黏土，开始了给"宝宝"包饺子的活动。

情景二：娃娃家的饺子初探

进入娃娃家的"爸爸妈妈们"对饺子的制作过程非常感兴趣，一进入娃娃家就迫不及待地

看见游戏　发现成长

拿起了黏土，挠挠想和面，汤圆想捏面团，还有没穿围裙的"哥哥姐姐"在围观，他们看着看着也拿起了黏土，在手心里玩起来，孩子们专注地盯着自己手里的黏土"面团"。挠挠手对手专心地揉着自己手里的黏土，揉着揉着她惊讶地说道："呀！都粘我手上了！"汤圆惊奇地看着她："怎么办呀？"挠挠急了，想把手里的黏土放在桌子上，面对这种情况，我没有急于介入，而是在一旁默默地观察，用手机记录她们的制作过程，想看看她们会怎么做。此时汤圆把自己分好的黏土小块放在桌子上，伸手帮挠挠捏出粘在她手上的黏土，对她说："你放在面板上来回揉就不粘了。美工区我们玩这个用泥工板，这里有面板呀。"听了这话挠挠将自己手里的黏土放下，在面板上来回搓了起来，"哥哥姐姐"也跟着做起来，将一条条黏土都堆在了挠挠面前，挠挠拿起塑料小刀切了起来，大大小小的"面团"出现了。孩子们拿起"小面团"，有的用擀面杖擀皮，有的用自己的手直接给按扁了，一股脑地结合在一起，很快饺子堆成了小山，孩子们露出了高兴的表情，开心地煮起了饺子，抱着"宝宝"围坐在桌子前假装吃了起来。

区域小结时，我邀请娃娃家的小朋友谈一谈第一次包饺子的感受和遇到的问题。挠挠最先表达了自己的感受，她捧着自己制作的饺子给大家看，并心满意足地说："我们包出了一盘饺子，有大的有小的，小的是给'宝宝'吃的，大的是我们'大人'吃的。"

汤圆讲了遇到的困难："挠挠的黏土太黏了，粘在手上拿不下来，我帮她拿下来，都粘在我手上了。"

我问道："那我们可以怎么做呢？"

久久回答了这个问题："放在桌子上来回揉就行。"

小溪补充道："要放在面板上才不粘！"

我接着问："那已经粘了的怎么办呢？"

淘淘给了意见："把黏土给一点点粘起来，可以粘起来的。"

在讨论的过程中，小朋友们说出了自己遇到的困难，也在大家的商讨中找到了可行的方法，这帮助大家提升了游戏经验。我插空播放了小朋友们在包饺子的过程中的照片，并请他们看一看，有什么新的发现。

我们一起包饺子吧

元元："她们包饺子是直接按的，没有擀皮啊。"

婉儿："旁边有擀面杖，可以用擀面杖擀皮啊。"

云宝："包饺子好好玩啊，她们还给'宝宝'包了小的饺子呢。"

小米："桌子上好乱啊，都是黏土，没有小朋友收拾。"

观看照片后，小朋友们站在旁观者的角度提出了游戏过程中的问题，通过和同伴互动提出自己的思考和改进意见，我想这比我在过程中直接告诉他们应该怎么做更能影响他们的游戏行为，也更易于他们接受。

在持续了一周的黏土饺子活动后，幼儿对包饺子的方法有了越来越多的了解，同时在游戏中也不断发现了新的问题，如用擀面杖擀皮时，木制的擀面杖不如塑料的擀面杖方便，木制的擀面杖会把黏土粘在一起，从中初步感受到了材料的特性；包好的饺子放在一起会粘住，在包好饺子后把每个饺子之间分隔开一些距离。小朋友们在发现问题和解决问题中获得了更加丰富的经验。

随着包饺子活动的进行，幼儿对和面、擀皮、包饺子的流程更加熟悉，超轻黏土渐渐不能满足他们的需要了。在一个周末后，云宝提出了新的意见："我在家和妈妈是用面粉包饺子，饺子是用面粉做的呀！""谢谢你的建议，我们准备一下，明天咱们用面粉来包饺子！"我回应道。"好呀，老师我最喜欢包饺子了！"云宝高兴地说。结合幼儿的需求，我们可以投放真实材料，让他们真正感受包饺子的过程，于是我们在区域中投放了大面团与搓好的小面团，开始静观其变。

情景三：为什么是硬硬的饺子皮？

进入娃娃家的"爸爸妈妈们"发现了面团，开心地捏了起来。小博戴着爷爷的头饰，给自己套上了围裙，同时不忘"指挥"元元"爸爸"，"'爸爸'你套上围裙才能包饺子。"两人穿上围裙，站在操作台前拿起面团揉来揉去。元元拿起小面团，一股脑地给揉在了一起，将其变成了大面团，之后又用手把大面团给压扁了。"哎呀，这饺子皮太大了！"小博说。"那我不会。"元元无奈地说。"我来！"小博接过面团，捏了一块出来，放在桌子上，对元元说："你擀皮吧！"元元把面团放在手心里团了起来，小博继续在一旁分面团，一边分一边说："好黏呀，都粘在我手上啦！"元元说："都粘在桌子上了！怎么办呀？"见状，我用小碗装了点面粉放在一旁，小博敏锐地发现了它。"老师，这个面粉是干什么的？""是一个神奇的魔法哦。"我轻轻地捏起一点面粉抹在面板上，再把一个面团放在上面蹭了蹭，然后将其放在了元

111

看见游戏　发现成长

元面前。元元拿起面团,"哎,不粘了!""太神奇啦!"小博笑了。两个人迅速将自己分好的面团放在面粉上转了转后,放在手里团了起来。很快又出现了新问题,"面团怎么有这个条条啊?"小博疑惑地问。"我怎么揉它都有。"元元也说道。这次还没等我说话,围观的小米先来解答了:"你们的面团太硬了!我姥姥教我包饺子的时候面团都是软的,这样就没有印子了。""那该怎么办呀?小米有好办法吗?"我问道。"你加水,加水就软了。"小米肯定地说。"可是现在都变成一个个小面团了呀。"我继续说。"那你们弄点水洒在面团上呗。"小米说。听了这话,元元拿起一个小碗去直饮机那里接了半碗水放在操作台上,然后看着小米问:"怎么弄呢?"小米说:"我来吧。"说完她便拿起隔壁小推车里的小勺舀了一勺水倒在面团上,水顺着面团流了下来,洒在面板上,小博捏了捏面团说:"哎呀,好黏啊!"元元说:"水太多了!好稀啊。""这可怎么办?"我试探地说:"要不我们重新做?""不用!王老师,给我们加点面粉吧!"于是我在小碗里又加了一些面粉。元元捏起一些面粉撒在面团上,之后拿起来揉了一下,"好了!"果然面团软多了,两人顺利地将小面团擀成了几张饺子皮,高兴极了。我也将活动中幼儿的行为表现拍照展示,及时表扬,并在小结中进行经验分享。

考虑到幼儿的能力水平,我在最初准备了大面团和团好的小面团,没想到元元在最开始进入游戏时就给团在了一起,之后小博结合自己的生活经验,将面团一一分开。在揉面团的过程中他们遇到了面团粘在面板上及面团无法成形的问题,之后都在我的动作提示及同伴的帮助下解决了。两人合作完成饺子皮的制作后,高兴地拍起了小手,他们为自己的成功感到兴奋与满足。由此可见,当幼儿真正投入他们感兴趣的游戏时,就会自发自主地去探索,甚至通过同伴之间的交流拓展游戏内容。我们一直说要给幼儿提供有准备的环境材料,让他们体验真实的生活,而当真实材料出现时,包饺子的难度比黏土饺子要大很多,出现的问题也更多,但他们保持着好奇心,在探究的同时积极调动自己的生活经验思考,寻求同伴的帮助,让我看到了幼儿身上优秀的品质。

有了前期的经验,小朋友们对于分面团、擀皮、包饺子的流程已经不陌生了,但通过观察我发现他们的饺子馅很多都是小面团塞在一起或是直接把饺子皮对折捏起来,在馅料方面的选择不多。于是我给小朋友们分享了图画书《一园青菜成了精》,以此让他们了解更多蔬菜的种

类，从而丰富幼儿的生活经验。同时在娃娃家投放了真实蔬菜，以吸引幼儿观察、探索更多种饺子的馅料。

情景四：蔬菜饺子最好吃

叮当穿上围裙后发现了盘子里的蔬菜，她便将小青菜掰成一片一片放在菜板上，并用小刀切成一块一块地放在盘子里。望宝也穿上了围裙，有条不紊地分面团，擀饺子皮。叮当回头对他说："'妈妈'，你给'宝宝'包点青菜饺子吧！"望宝说："我想包肉馅的，我在家就喜欢吃肉馅的，昨天我还在美工区做了几个小肉团呢。"叮当被拒绝了也没气馁，继续说："那加点青菜吧！'宝宝'要吃蔬菜！"望宝看着他说："那好吧，我们今天一起包青菜的。""好。"叮当接受了这个提议。听到这里我好奇地过去看了起来。"老师，我在包蔬菜饺子呢。"望宝兴奋地向我介绍，要知道他平时可是"吃蔬菜困难户"呢。"啊？蔬菜饺子'小宝宝'会爱吃吗？"我疑惑地问。"当然要吃啦，多吃蔬菜才能长得高！"望宝回答道。"对对对，蔬菜有营养。"叮当也接着说起来，"我包的是青菜饺子，你看青菜都变得小小的了，'宝宝'肯定能吃。"说完便将饺子包好放在了锅里，假装打开了水龙头接水。"煮饺子吧'妈妈'！"两人将饺子放在锅里，打开灶台的开关煮起了饺子。

在今天的活动中，不爱吃蔬菜的望宝选择去包蔬菜饺子，大大出乎了我的意料，也让我看到了幼儿变为主动学习者时所发挥出的潜力，他们自己制作饺子皮，为饺子添加馅料，自己选菜、择菜、切菜，且面对同伴的拒绝也没有放弃，而是选择去协商一起游戏，他们在游戏中表现出非常愉悦的反应，由此可以看出此项活动是孩子们非常感兴趣的。

四、案例反思

饺子是我们日常生活中经常吃到的食物，也代表了中国传统的饮食文化。在活动中，我们希望能够以饺子作为载体，潜移默化地让幼儿养成健康的饮食习惯。在整个制作饺子的过程中，教师没有过多干预，仅在前期提供材料，与幼儿分享制作过程，没有直接告诉幼儿应该怎么做，具体方法都是幼儿在游戏实践中，通过观察、讨论、思考、尝试而逐渐掌握的。我在思考：在包饺子的游戏中，学会包饺子的意义是什么？是让幼儿知道怎样擀皮？还是让幼儿了解制作过程？还是让他们能够深入认识蔬菜？这些经验都是可以在活动中获得的，但都不是最重要的意义所在。《3—6岁儿童学习与发展指南》中指出，"要充分尊重和保护幼儿的好奇心与学习兴趣，帮助幼儿逐步养成积极主动、认真专注、不怕困难、敢于探究和尝试的良好学习品质。"随着活动的开展，我越发感觉到，幼儿喜欢这个游戏，愿意参与这个游戏。在活动中不断地去探索，在遇到问题时能够尝试与同伴友好协商，并积极地想办法解决，活动后愿意与大家分享自己的游戏经验，这让他们也获得了自信。同时对教师而言，我也在投放材料的过程中感受到材料的层次性对幼儿发展的重要性。幼儿的成长离不开家长的支持，我们将包饺子与庆新年相结合，鼓励幼儿在家中制作美味的饺子，与亲人共同品尝，这在增进亲子关系的同时让家长看到孩子的成长。

  幼儿是活动的主体，教师只是活动材料的提供者、活动的引导者和支持者。只有做一名"有心"的教师，发现和了解幼儿的兴趣，静下心去观察，尊重他们的想法和行为并给予支持，才能把活动引向一定深度。我们将继续努力为幼儿创设和谐的幼儿园环境，帮助幼儿在快乐、宽松、自由、和谐的氛围中健康快乐地成长。

球球大作战

徐 冰

一、案例背景

如何利用幼儿园的有限空间来支持幼儿的游戏是我们幼儿园近年来不断思考和探索的问题。三年前,中大班开展了共享游戏区的实践探索活动。共享游戏区能打破年龄和班级的界限,成了幼儿们喜欢的游戏区域。但幼儿园共享游戏区以角色扮演类游戏居多。彩色纽扣是幼儿园中最为常见的一种益智游戏,经过观察与实践,这个游戏对不同的年龄段有它独特的魅力和教育意义。

因此,学期初,我将益智游戏"蘑菇钉"创设成便于幼儿操作的墙面游戏——"球球大作战",旨在通过该游戏提高幼儿的手眼协调能力、观察能力、合作与创作能力等。创设初期该游戏使用的材料比较简单,主要有KT板;排列整齐的纸杯;红、黄、蓝、绿色绒球;盛放绒球的小框;拼摆图形提示卡片等。游戏玩法也是借鉴"彩色纽扣"的玩法,让幼儿们借助一定的图片提示把绒球放到合适的纸杯小洞里,从而完成一定的造型拼摆。在共享游戏的形式下,孩子们会有哪些不一样的发现和玩法呢?

环境与材料如下图所示。

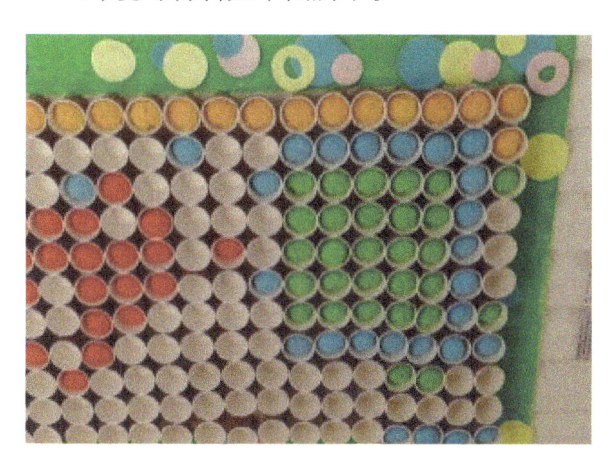

二、案例目的

1．提高幼儿对数量与图形的认知能力。

2．促进幼儿手眼协调能力、观察力、想象力的提高与发展。

3．提高幼儿在游戏中发现问题、分析问题、解决问题的能力，以及培养他们不断坚持的宝贵品质。

4．让幼儿在创新拼摆中提高创作能力。

5．让幼儿体验操作活动的乐趣。

三、过程与实施

情景一：球球初体验

新材料吸引了多名幼儿的注意，他们好奇地相互询问："这个游戏怎么玩呀？"只见我们班果果望了望墙上张贴的图片提示卡，然后兴奋地告诉大家："我会玩了，我们可以用小球摆出图片上的样子，就像这样！"说着便拿起小框里的小球摆弄起来，不一会儿就摆出了和图片中一模一样的图形（图形为长方形）。看完他的演示，其他小朋友也瞬间明白这个游戏的玩法，他们争先恐后，跃跃欲试，这片小小的区域也变得有些拥挤起来。

孩子不会操作怎么办？新投入的玩具立刻吸引了其他班的孩子，但是打开盒子后他们不知如何操作。面对孩子们好奇的情况，我们班幼儿充当了"小老师"的角色，一步一步引导他们观察、操作、体验，很快，孩子们发现了操作板与范例之间的联系，找到了玩具的玩法，体验了发现的快乐，那孩子们会有怎样的发现呢？

情景二：球球再体验

看到幼儿的兴趣如此高涨，我们又在这个区域旁边增设了一块"纸杯洞洞板"，方便更多的幼儿参与游戏（如右图所示）。

宽敞的游戏环境给幼儿的游戏带来了便利，共享游戏时一双双小手在"纸杯洞洞板"里来回穿梭，一

幅幅有趣的图案也由此诞生了（如右图所示）。通过对幼儿拼摆的图案进行分析，我发现他们能顺利进行基本图形拼摆，也掌握了基本的对称、排序知识。

"看卡拼图"是一种新玩法，满屏范例卡对孩子们来说没有难度，他们很快就能完成，但是部分图案在屏上，因为要考虑球球的位置，孩子们会有一定的难度，遇到问题后，孩子们也能坚持不放弃。经过多次探索后，孩子们开始尝试有序观察、有序点数进行排列，在此过程中，序数的概念在孩子们不断地尝试与探索中，逐渐萌芽。

情景三：球球大作战

随着时间的推移，幼儿对这个游戏越发地熟悉，但参与的人越来越少，尤其是中大班的幼儿，他们很少有人来这个区域游戏。于是我找机会问了中班一个幼儿："你怎么不来玩'球球大作战'这个游戏呀？"他回答："这个游戏也太简单了，一点难度都没有，所以我不想玩。"听完他的话，我恍然大悟。对于中大班幼儿来说，他们不再局限于平淡的游戏，他们更愿意参与有挑战性的活动，从中获取更大的游戏满足感。于是我思考后，在墙饰互动的基础上添加了桌面游戏，同时调整了图片提示卡，将其按照拼摆的难度划分为三个等级："★"难度较低，主要为常见图形和简单排序，如三角形、长方形、正方形、花朵、小草、ABAB排序等；"★★"难度稍高，主要为不常见的图形和难度稍高的球球排序，如心形、梯形、五角星、汽车、房屋、ABCABC排序、AABBAABB排序等；"★★★"难度最高，主要为规律性很强或结构很复杂的图形，如包含一定情境或涉及图形组合关系的图片。

星级挑战，极大地激发了幼儿们的参与热情，在共享游戏时我们经常能够看到不同年龄段的幼儿会根据自己的需要，选择难度适中的图片进行挑战。挑战成功后，孩子们会露出满意的笑容，在遇到难题时，也会主动寻求同伴、教师的帮助。孩子们在不断的挑战和游戏中，对模式有了逐步的认知。接下来，孩子们还会发现什么惊喜呢？

看见游戏 发现成长

情景四：球球大世界

"老师，这些星级的图案我都拼过了，我可以设计自己想拼摆的图案吗？"听到大班幼儿新的游戏愿望，我说："当然可以！明天你们把自己的设计图带过来，试一试吧！"听到我的回应，他兴奋地跑过去告诉他的小伙伴。

第二天的共享游戏时间，我听到"球球大作战"游戏区发出一阵欢笑声，我走过去看到几名幼儿正在兴致勃勃地做游戏，他们看到我兴奋地对我说："老师，您快看！这是我新摆的图案！是不是和我设计的图案一样呀？"我定睛一看，原来他们拼摆了一辆坦克。"哇哦，这是你们新设计的吗？"幼儿点点头，脸上满是自豪。

幼儿的新想法带给我新的启发，于是在环境创设上我又增加了"我的设计"一栏，用来展示幼儿的设计图，其他幼儿也可以参考别人的想法进行拼摆。

这样的调整，留给幼儿的设计空间增大了，幼儿可以拼摆任意的图形及他们眼中形形色色的世界，比如拼摆数字、拼摆图形、拼摆事物、拼摆情景等。同时我发现，大班幼儿不局限于图片的拼摆，有的幼儿还会将自己名字中的个别字拼摆出来，游戏有了更多的挑战形式。

情境五：球球大合作

"蓉蓉，你拿一个红色的球放在右下角的绿色球旁边就可以了，这样我们的飞机就做好了。"听到若愚小朋友的提示，蓉蓉迅速将手里的红色球放到绿色球下面。"不对，是右边！"若愚着急地喊着。于是，蓉蓉将下面的红色球放到了绿色球的右边，若愚看到后开心地笑了，大声呼喊着："完成喽，我们的飞机摆好喽！"

当幼儿拼摆小球时，由于离操作面太近，纸杯又有一定深度，会遮挡一部分幼儿的视线，因此他们不能看到整体的造型，需要在离得远一些的位置才能看得更清楚。而频繁地更换位置压缩了幼儿的游戏时间，于是他们找到了自己的合作伙伴，共同拼摆造型，即一个人给指令，一个人操作。只有两者配合默契，才能更快、更好地完成自己的设计。

看到幼儿如此聪明的游戏方法，我觉得有必要请他们向更多的小朋友介绍一下他们的游戏方法。可是怎样才能让更多的小朋友知道这个好方法呢？这引起了我们的思考。也许将这个问题抛给幼儿，他们会有不同的答案吧。

让我们共同期待……

四、案例反思

球球游戏在继续，幼儿的兴趣仍然高涨。回顾"球球大作战"的整个过程，我发现以下几点。

1. 从游戏材料上看："球球大作战"游戏中使用的材料具有简单、环保、便宜的特点，便于推广和应用。另外，作为一种低结构的游戏材料，由于其不固定游戏玩法、功能及游戏规则，所以它留给幼儿的操作空间很大，不同年龄段的幼儿都能从中受益。

2. 从游戏进程上看：游戏源于儿童，回归于儿童。此次"球球大作战"来自幼儿喜爱的"彩色纽扣"游戏，在这一活动的初期常常能够看到教师对活动的干预，比如图片提示卡的提供及星级划分，但是在活动的后期，教师有意识地抓住幼儿产生的新的兴趣和问题，有意识地引导他们自主构思游戏的内容，解决游戏中出现的问题和困难，给予幼儿充分的自主选择、探索、创造空间，充分体现了《3—6岁儿童学习与发展指南》的游戏精神，即游戏是"幼儿自发、自主、自由地活动"的特点。

教师充当真正意义上的观察者和支持者。在"球球大作战"游戏中，幼儿是游戏的主人，教师是观察者、支持者、引导者。活动中，教师随游戏的进度逐渐退于幼儿的背后，密切关注幼儿的游戏进展，给予必要的支持。比如，当幼儿提出自己设计拼摆图案的愿望时，教师给予肯定和必要的环境支持，有效推动了游戏的进程。

教师要引导幼儿发现游戏中的闪光点和问题，鼓励幼儿大胆发表自己的想法和意见，讨论解决的办法。比如，最后幼儿产生的合作游戏，如何让更多的小朋友获得这一经验是需要幼儿共同去探索、解密的。这样把问题抛给幼儿的做法无形中让幼儿获得更多自主发展的空间，相信他们的创意能够带动新一轮的游戏发展。

3. 从游戏意义上看："球球大作战"作为共享游戏的一种，为幼儿进行自主选择、合作交流、探索发现提供了机会，凸显的不仅是区域时间、空间上的共享，也是材料、计划、活动的共享，更是情感、创意、经验的共享。小小的绒球不仅激发了幼儿的游戏热情，也给幼儿的游戏带去无限可能，颜色、形状、空间、数的概念、规律排序、观察、思考、协商、合作、交往等也在游戏中自然而然地发生着，幼儿在小小的球球世界中尽情释放才能。

"玩中学、学中乐"，幼儿在游戏中体验了操作的乐趣。他们通过游戏活动闪耀出智慧的火花，并收获了无限的快乐！

我们的毕业展

马 悦

一、案例背景

随着大班第二学期的到来，孩子们很快就要结束幼儿园快乐的三年生活，离开老师、小朋友们，升入小学。他们一定有很多不舍、留恋，同时也有很多还想做的事情，我与幼儿进行了有关"毕业前你还有哪些想做的事情"的讨论活动。有的小朋友想走出班级交更多的朋友；有的想去弟弟妹妹们的班里和他们一起游戏；有的想学习更多的知识，争做一名优秀的小学生；有的则是想把自己的作品都粘贴并展示出来。我很好奇他们为什么会有这样的想法。田田说："我想让弟弟妹妹来看看，以后能像我们一样厉害。"嘟嘟说："这是我们长大了的变化。"小小说："我刚来到大四班的时候班级里就有哥哥姐姐的作品，我觉得特别厉害，我也想让弟弟妹妹觉得我特别厉害。"糖宝说："就像我去的展览一样，邀请大家来咱们班参观，给我们点赞。"孩子们听了纷纷表示赞同。毕业展的形式也得到了小朋友们的高度认可。但是这样一个巨大的工程，他们会遇到哪些问题呢？能完成吗？

二、案例目的

1．激发幼儿欣赏自己的成长，引导他们以多种方式展示自己的能力，勇敢表达自己，树立自信心。

2．让幼儿能有序、连贯、清楚地讲述有关毕业展的事情。

3．引导幼儿回顾自己在幼儿园三年的生活，制订毕业展的计划。

4．引导幼儿通过一场仪式对幼儿园进行告别，开始新的旅程。

5．让幼儿能用简单的记录表、统计表进行调查，为开展做准备。

6．让幼儿能用多种工具、材料或不同的表现手法呈现自己的毕业展。

三、过程与实施

情景一：我们想开展……

"在幼儿园最后的一段时间里，我们还想做……"的主题讨论中，孩子们提出要办一个"毕业展"的想法，那么，孩子们究竟想要一个什么样的"展"呢？关于"展"孩子们又有多少了解呢？为了更好地了解幼儿的前期经验，我决定以展示作品最多的美工区为地点，就布展内容、布展方式召开一次儿童会议，充分了解孩子们的想法和观点。

教师："你们知道什么是'展'吗？"

果果："我和爸爸、妈妈去过。"

朵朵："'展'就是让大家来看的。"

小米："'展'就是有主题的。"

菲尔："'展'就是他们要在环境中展示作品。"

教师："哦，原来小朋友们都去过一些展览，那如果要展示我们班的画，那你们觉得用什么方法好呢？"

朵朵："可以和世界读书日的'好书推荐'的作品一样，拿画架进行展示。"

乐乐："还可以有一些立体的作品。"

齐齐："还可以放在我们的衣柜上面，因为衣柜很长，也能摆很多。"

孩子们很有想法，也能运用前期经验去解决问题。解决完问题后，孩子们便有了自信，也打开了有关"展览"的话匣子。

多多："我们还有万能工匠的作品。"

天天："我们班的植物角也可以开展。"

婳婳："我们的照片也可以展览。妈妈说，等我毕业的时候，就把我在儿园的所有照片洗出来，做个影集给爷爷奶奶看。"

……

随着主题讨论的不断深入，孩子们对展览的想法也逐渐清晰，"毕业展"成为他们的主旋

看见游戏　发现成长

律，也呈现了即将毕业的他们对自己的独特认知，对幼儿园、教师、同伴的独特情感，以及对"毕业"这件事的独特视角。孩子们用自己的视角诠释了幼儿园"不一样的生命　一样精彩"的理念，体现了他们对自我成长的独特感受，他们希望自己能被"看见"。但是"展览"这样一个大工程，孩子们能行吗？他们会遇到哪些挑战呢？

情景二：22个展，开不了那么多怎么办？

孩子们对"展览"的想法越来越多，根据前期的讨论和交流，孩子们共收集了22个展，但是，很快他们就发现由于时间、场地的限制，22个展将无法全部呈现。于是，孩子们便决定从22个展中挑选一部分。经过一轮一轮的讨论、交流，最后剩下了15个展。剩下的每个展，孩子们都认为有其独特的意义和价值，正当孩子们争执不下的时候，小熊说："我会选择自己喜欢的展去看。所以我们得去问问来参观的人，听听他们想看什么？"星星说："是啊！展览不仅是给我们自己看，还是给弟弟妹妹看，我们应该问问他们的意见。"果果说："对啊，还可以问问老师们的想法。这样的话大家才愿意来看。"

小熊和星星的观点瞬间得到大家的高度认可。多多说："那怎样才能知道大家的想法呢？"乐乐说："那我们就用'兵幼音乐节'的调查表呗，把所有的节目都列出来，让他们自己选。"蓉蓉说："对对对，让看的人来选，这样来看展的人就多了。"于是，孩子们很快将15个展用常见的简单符号、图画在表格中进行了表示，设计了调查表。为了快速地开展调查，孩子们自主分成三组，分别对老师、小班、中班弟弟妹妹进行调查。经过为期2天的调查，最终确定了8个展（如下图所示）。

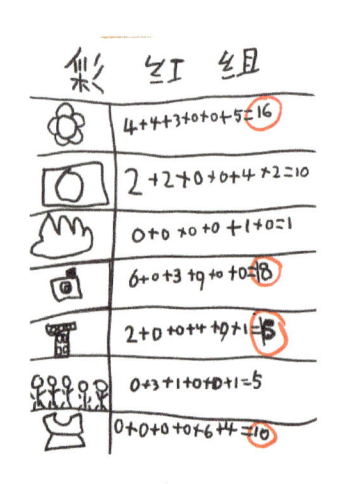

之后，我们在召开"儿童会议"时，结合区域活动确定了每个展的内容。"语言展"决定以甲骨文、我的名字、我认识的字为布展内容。"心愿展"准备了不同颜色的纸质桃心，供小朋友们画上自己的毕业心愿。"植物园地展"则是征集了不同的植物，让小朋友们进行环境创设。"服装展"主要是设计毕业服，小朋友收集了家里废旧的服装，设计出别样的服装等。

刚开始有22个展，问题随之而来。"这么多主题，该如何选""谁来选"成了孩子们面临的新问题。他们通过自主分工合作、发挥同伴资源、开展实地调研，在相互交流和合作中贡献自己的经验和力量，诠释了大班"合作化"的共同学习方式。在此过程中，孩子们丰富了自己在时间观念、数据统计、语言表达等方面的经验，通过2次的"选展"，孩子们从关注自己的喜好到关注周围人的喜好，有了一定的共情能力，其社会性得到了进一步发展。

情景三：布置画像展的人太多了，怎么办？

确定各自的主题后，孩子们便热火朝天地投入到布展中……

伊伊："你往那边一点，我都没法贴自己的画像了。"

天天："乐乐在我边上，我也没地方啊。"

开心："人这么多，我怎么贴啊？"

……

争执声愈演愈烈，我赶忙走过去询问原因。

小小："老师，人太多，我都没法贴自画像了。"

朵朵："是呀，美工区的地方就这么大，这么多人没地方贴啊！"

西西："大家只顾着贴自己的，和我去看的展览不一样，都没有艺术场景。"

教师："你们说得很明白了，那有什么好办法来解决呢？"

小小熊："分组吧，这样大家都有布置的机会，也不挤。"

教师："怎么分呢？"

乐乐："我们有8个展，大家自己报名，想布哪个展就签上自己的名字。"

孩子们都表示赞同，大家都有了布展的组。各组小朋友很快投入到紧张又有序的布展工作中，活动就这样如火如荼地开展着……

布展活动激发了孩子们极高的兴趣，但是很

看见游戏 发现成长

快发现了问题。布同一个展的人太多，怎么办？这一次孩子们通过迁移已有经验进行分组布展，以此解决了问题。同时每个组还确定了小组长，对布展需要的材料、提示等内容进行合理分配，充分发挥了大家的经验和力量。孩子们的交往、组织能力在一次又一次的发现问题、分析问题、解决问题中得到了提高，同时自信心也获得了提升。"相信儿童是有能力的学习者"对我而言，不再是一句口号，在孩子们不断解决问题的过程中，我感受到了儿童的力量。

情景四：为什么我的龙舟不能出现在万能工匠展？

孩子们每天都沉浸在布展中。有时候大家也会"串串门"，相互学习和了解。这天，辰辰来到万能工匠展区，欣赏着摆放在窗台上琳琅满目的作品，经过仔细寻找，他突然发现自己前不久制作的龙舟没有展出来，便找到万能工匠布展的乐乐进行询问。

辰辰："乐乐，我的龙舟为什么没有摆放在这里？"

乐乐："因为你的小汽车已经摆放在展台上了。"

辰辰："那还可以再摆一个啊，我特别喜欢我新组装的龙舟。"

乐乐："每人一个作品，如果你摆放两个，对大家不公平。"

辰辰："可我就想把龙舟摆放上去啊。"越来越激烈的争执吸引了更多的小朋友，他们了解了来龙去脉后，便对展区的"选品"讨论了起来。

西西："我觉得既然是大四班的展览，那就每个人都要有作品。"

乐乐："可辰辰要把自己的两个作品都摆放在万能工匠展区里，对别的小朋友不公平。"

嘟嘟："如果是两个作品，那就选一个最好的进行摆放吧。"

辰辰："为什么只选一个呢？"

嘟嘟："选一个最好的呗。"

乐乐："既然让大家来参观我们的展览，就应该展示出最好的作品。"

辰辰听后点了点头，表示同意，并选出龙舟作为万能工匠区的展品。

随着活动的不断开展，在布展过程中选品成了孩子们新的矛盾点。乐乐和辰辰的争执也引发了其他小朋友的思考，是不是每一个展都需有每一个小朋友的作品？一个小朋友有多个作品怎么办？面对这些问题，孩子们能清楚、有序、连贯地表达自己的观点。大家一致认为，每个小朋友至少得有一个展品。同时，负责每个展区的小组可以根据场地、空间、主题进行选品，也可以发布公告，邀请小朋友根据主题和要求进行预约。孩子们打破了成人的选品标准，在尊重全体小朋友的前提下，"好"或者"不好"不再是唯一的评价标准，而是可以通过双方协商、交流共同制定标准。孩子们让我看到了儿童视角下的"评价"是有温度的。

情景五：我们的展都布好了，你们怎么还没弄好？

随着活动的不断深入，孩子们迫不及待地准备"开展"。

朵朵："马老师，我们都弄好了，可以开展了。"

教师："那好啊！你们准备什么时候开展呢？"

小果："现在就行。"

金一："不行，我们组还没有弄完呢？"

朵朵："你们怎么这么慢啊！"

小月："不是啊！我们得慢慢准备啊！"

小多："你们再不快一点就来不及了！"

玲儿："啊！那还有多少天呢？"

……

随着活动的不断推进，孩子们的关注点从"筹展"转向了"开展"，什么时候开展呢？离开展还有多少天呢？我们如何有计划地进行布展呢？通过集体讨论和交流，孩子们决定在 6 月 27 日开展。

甜甜："那还有多少天？"

小国："不到一个月吧。"

朵朵："不到一个月是多少天呢？"

……

大班第二学期的他们对于"数"的统计并不陌生，在日常活动——"出勤大PK"中，男孩、女孩每天都在进行分组人数的统计，具有一定的经验。经过观察，我发现幼儿更多是建立在实物情境基础上的操作，并没有形成形象化、稳定的认知。每日的男孩、女孩"统计"还表现为对应点数来统计。因此，期待以此为契机，以真实问题为需求，支持幼儿发展按群数来统计的方法，而开展本次集体教学活动，可促进其在加减运算中抽象思维能力的逐步提高。

看见游戏　发现成长

情景六：我们开展啦！

毕业倒计时的加入，推动了布展进程，毕业展开展在即。孩子们结合已有经验，自发地成立宣讲团，在班级中扮演"宣讲员"的角色，负责向同伴们介绍展区的名称、意义，以及筹展、布展、展品中的小故事。看着他们一次又一次地宣讲，我也感受到他们一次又一次的成长。每一次宣讲后，小伙伴们相互分享和交流经验。不管是在得到同伴认可时，他们露出的腼腆的微笑，还是在同伴给出建议时，那种真诚、谦虚的眼神，都让我看到了不一样的儿童。他们是熠熠发光的，他们是满载而归的。这也再一次让我感受到学前教育工作从"注重结果"转向"注重过程"的意义。我想，以后不管遇到什么样的问题和挑战，都难不倒他们。

四、案例反思

（一）相信儿童是有能力的学习者——儿童形象

整个案例虽然呈现的仅是毕业展这一件事，但是，孩子们在筹展、备展、布展、选品、开展过程中所展现的能力和经验着实令我们感到震撼，从布局、构图、装饰、剪裁、色彩搭配，到统计运算、分类整理、分析比较、得出结论，然后到沟通、协商、反馈、协作、互动，最后到倾听、表达、书写和符号记录……孩子们能熟练运用自己在幼儿园三年中学到的所有知识和技能，也诠释了他们对长大、对离别等人生主题的思考，更通过语言、动作、图示等方式表达了他们的想法、需要和情感，向我们诠释了"儿童是有能力的学习者"的形象。

（二）相信儿童是有能力的学习者——教师形象

"相信儿童是有能力的学习者"理念的落实，最重要的是相信教师是有能力的学习者。此案例是一个基于幼儿持久的兴趣和不断衍生问题的系列活动，记录了教师持续关注并积极支持幼儿深入学习活动的过程。不管是在主题活动中，还是在教学活动中，教师主要扮演着两种角色：一是帮助幼儿发现问题，进而讨论问题，分析分题，最后提出解决问题的方法；二是充分地给予幼儿尝试的机会，整个活动中教师通过"反问""设问""思维导图梳理"帮助幼儿看见自己的学习过程。幼儿在主题活动中不断产生疑问，又逐个攻破，一个个难题的破解成了幼儿打开下一次探索之门的钥匙。集体教学活动中，教师及时针对个别幼儿计数的方式做总结。充分体现了教师在践行"儿童是有能力的学习者"理念后，从"关注结果"到"关注过程"的转变，展现了从"看见儿童"到"看懂儿童"的教师形象。

幼儿园里的石狮子

马 悦

一、案例背景

幼儿园课程是实现幼儿园教育目的的手段，是帮助幼儿获得有益学习经验、促进其身心全面和谐发展的各种活动总和。陶行知先生曾说："幼儿的一日活动皆课程。"《3—6岁儿童学习与发展指南》明确提出，学前教育应使幼儿"具有自尊、自信、自主的表现"。作为课程中重要的组成部分，幼儿园的主题活动资源如何挖掘和利用？如何在主题活动中支持幼儿主动发展？面对众多的主题活动类型，哪种更适合支持幼儿主动发展？通过实践，我们发现，了解幼儿身边生活环境的价值，利用幼儿熟悉的环境和触手可得的材料开展的主题活动，更适合支持幼儿主动性的发展。我们从幼儿身边资源出发，有效利用园所丰富的资源，让主题活动内容更贴近幼儿的日常生活。这样活动内容才是幼儿感兴趣的，活动材料才是幼儿最容易接触的，活动过程更是幼儿能全程参与的。

有一天户外活动时，孩子们的飞盘正好落在了石狮子的头上，他们围绕在石狮子旁正想着怎么把飞盘取下来，这时大轩对我说："马老师，这两头石狮子为什么会在我们幼儿园呢？""对啊！为什么幼儿园里会有石狮子呢？"孩子们对幼儿园里的两头石狮子产生了浓厚的兴趣，越来越多的孩子都来关注石狮子，并对"幼儿园里为什么会有石狮子""石狮子是怎么来的"等问题表现出浓厚的兴趣。孩子们一直保持着发现与探索的精神，他们利用自己好奇的眼睛去观察周围的一切，用不同的眼光看待原本平淡无奇的事物。基于孩子们的兴趣和话题，结合大班幼儿的年龄特点和学习方式，我们决定借助幼儿园身边的资源，开展"幼儿园里的石狮子"的游戏活动。

二、案例目的

1. 让幼儿对幼儿园石狮子感兴趣，对石狮子相关的问题能够刨根问底，且对自己的收获和发现感到满足和兴奋。

2. 让幼儿能通过不断观察、比较与分析，发现并描述幼儿园石狮子的异同。

3. 让幼儿能采用测量、实验、调查等方法验证自己的猜测。

4. 让幼儿能与同伴和老师合作设计"石狮子知多少"的调查计划，并能通过数字、图画、图表或其他形式记录。

5. 让幼儿能用多种工具、材料表述自己对石狮子的观察。

6. 让幼儿知道和了解石狮子是中国特有的文物，爱祖国，为自己是中国人而感到自豪。

三、过程与实施

第二学期的幼儿，更喜欢有挑战、有难度的游戏活动。他们能根据自己的喜好、需求选择游戏活动内容，并对新的事物、新的知识刨根问底。"幼儿园里的石狮子"这一游戏活动依托幼儿园的身边资源，能最大限度地支持幼儿的学习方式和特点，且能让他们将上学期的经验进行运用和迁移，但也会对他们合作化的共同学习方式提出新的挑战，比如，在解决石狮子高度的问题过程中，测量工具的选择、测量方法的选择、同伴们的合作与分工方式。

情景一：石狮子是从哪里来的？

针对幼儿在户外活动中提出的"幼儿园里为什么会有石狮子"及"石狮子从哪儿来的"等问题，我们开展了本次讨论活动。这样，一方面可以了解班级幼儿对石狮子的兴趣，另一方面可以了解幼儿的原有经验，让教师更好地捕捉教育契机从而开展活动。

"幼儿园里的石狮子很久很久之前就在这里了。"

"很久是多久呢？"

"很久的意思就是很久啊！"

石狮子什么时候、为什么会在这里？孩子们在讨论中并没有得到答案，但他们对石狮子的各种问题都很感兴趣。因此我没有采用"直接给答案"的方式来解答孩子们的问题，而是采用"石狮子知多少"的游戏，与孩子们一起制订调查表，鼓励他们自己寻找解决问题的方法。

幼儿园里的石狮子

情景二：石狮子知多少？

周一，孩子们带着自己的调查结果回到班级里，他们纷纷将自己的调查结果与同伴们进行分享。

冬冬说："我上网查资料了，明末清初的时候，石狮子就在我们幼儿园了。"

绍伊问："什么叫明末清初？"

麦冬说："就是表示时间的，比如现在我们叫 2021 年，而以前不是用数字表示，而是用这种汉字表示的。"

果果说："我还知道幼儿园里的石狮子有一只是公的，有一只是母的。"

……

孩子们通过上网、采访、查阅图书等多种方式获取信息，且能充分表达自己的想法和观点。孩子们对果果提出的"石狮子有公、有母"特别感兴趣。于是他们提出了要对石狮子进行仔细观察，看一看两头石狮子是不是真的不一样。

情景三：哪只是公的，哪只是母的呢？

"你们看，这里有一头小狮子。"

"这一头踩的是球。"

"对啊，有小狮子的是妈妈，没有的就是爸爸。"

幼儿在活动中能认真细致地对两头石狮子进行观察比较，同伴间能相互用语言描述两头石狮子外形的相同与不同。他们边描述、边比画。"要不然我们一起把石狮子画下来吧！"为满足孩子们的需求，我们决定开展"写生石狮子"的活动。在兴趣激发、思维拓展、创作指导、展示与分享四个环节中，引导幼儿根据自己的观察及需求选择合适的材料，并运用多种绘画技能进行大胆的创作。之后，孩子们发现，明明石狮子是一样高的，但是每个人画出的石狮子都不一样高。于是，孩子们便提出了"石狮子到底有多高"的问题。

情景四：石狮子有多高？

菲菲："你们说咱们幼儿园里的这两头石狮子有多高呀？"

琪琪："量一下就不就知道了吗？"

三宝："那么高，怎么量啊？"

看见游戏 发现成长

菲菲:"可以用测量玉米的水彩笔啊!"

三宝:"水彩笔摞不上去啊!那么高!"

果果:"那怎么办呢?"

……

在日常活动中,孩子们虽然有借助测量工具对自然角植物进行测量的经验,但是测量石狮子这一庞然大物还是第一次,所以,他们在测量工具的选择上犯了难……

教师:"今天果果和我说,他们想知道石狮子有多高,他们想到了测量的方法,但是不知道哪种测量工具比较合适。"

通过在班级里寻找,孩子们找到了"麻绳、积木、竹竿"三种相对比较长的测量工具,并分成了相应的三组。

绍伊:"呀!石狮子这么高,咱们怎么够得着呀?"

冬冬:"是呀!怎么办?不会量不了吧。"

开心:"要不咱们找个东西垫着。"

……

于是,积木组找来了体操垫;麻绳组找到保安叔叔借来了梯子;竹竿组拿起竹竿和记号笔,第一个冲到了石狮子前面开始测量。积木组在对石狮子进行测量时,积木与积木的连接处总是歪,对不齐,很难做到首尾相连,还没缝隙;而麻绳组,由于麻绳比较软,孩子们无法进行连接,因此也失败了。于是我决定和孩子们一起分析讨论原因。

麻绳组测量失败的原因:

糖包:"我们组没有测量出石狮子的高度。因为麻绳比较软,我们拉不住,老是掉,就测量不出来了。"

麦冬:"对,当我们拉住了的时候,把石狮子的后背也拉进去了。所以就不行了。"

积木组测量失败的原因:

开心:"积木没办法一个挨着一个,因为看不见。"

绍伊:"我们太小了,虽然我们后来找到垫子,但我和格勐一起测量的时候,总是对不齐。"

竹竿组一半成功,一半失败:

果果:"我们组测出了狮子的高度,就是这么长。"瑾儿一边说,一边拿出了他们组的测量成果,即一根带有标记的竹竿。

洞洞："你看，石狮子的高度到这里。它有这么高。"

宽宽："你们这算什么成功啊？也没告诉我们石狮子到底有多高啊！"

沐沐："石狮子有不到一根竹竿的高度！"

命命："可是，我们真的测出了石狮子有这么高啊！"

眼看竹竿组的小朋友们快急眼儿了。

教师："竹竿组的小朋友确实测量出石狮子的高度，但是他们没办法和你们分享石狮子到底有多高，那这是为什么呢？"

虽然三个组都没有测量出石狮子的高度，但他们了解到测量不同的物体时要选择不同的测量工具。在竹竿组的测量中，他们通过测量得出石狮子的高度是不到一根竹竿的高度，却不能准确描述出数值，从而引发新的问题——不到一根竹竿的高度到底是多高？

情景五：不到一根竹竿的高度是多高？

洞洞："我们做了标记，我们就把竹竿立在旁边不就行了。"

宽宽："对啊，我们每次去介绍石狮子的时候，就可以指着说了。"

绍伊："不行，不行，那怎么体现到石狮子的名片上呢？"

果果："我们可以用积木和麻绳来量，这样不就清楚了吗？"

果果的想法得到了所有小朋友的响应！于是，孩子们立马开展了 次集体测量活动。教师以真实问题"石狮子有多高"进行导入，激发幼儿的研究兴趣。

教师："前几天我们分别用积木、麻绳、竹竿对石狮子的高度进行了测量。只有竹竿组测量出石狮子有不到一根竹竿的高度，那石狮子到底有多高呢？我们今天一起来试一试，看看能不能测量出这不到一根竹竿的高度到底是多高？

测量初体验：

让小朋友每人选择一种材料对"不到一根竹竿的高度"进行测量，并记录测量结果。

教师："我们来分组进行分享。为什么同一种工具，测量的是同一个高度，却有不同的结果呢？"（观察每组采用相同材料进行测量时的数据是否一样，帮助幼儿掌握测量的方法。）

看见游戏　发现成长

小结：同一种工具测量同一个高度的物品却得出了不同的结果，于是小朋友通过操作演示得出了正确的测量方法。

测量再体验：

请幼儿采用正确的测量方法对"不到一根竹竿的高度"进行测量，并记录测量结果。

教师："你们两次记录的结果是一样的吗？"

教师："那为什么同一高度的竹竿，却出现了不同的结果呢？"

教师："哦，原来测量工具不一样。我们一起来观察这些结果，哪个数字最小？为什么会最小？"

小结：同一种测量工具，测量的结果是一致的。当测量工具不同时，计量单位越短，测量的物体中包含的单位数量就越多；计量单位越长，测量的物体中包含的单位数量就越少。

引导幼儿猜想：如果换两种材料（积木和笔），测量这个高度，哪一种材料用得多？哪一种材料用得少？

幼儿可在区域中对自己的猜想进行验证。

一样高的石狮子，却有大小不同的高度，引导幼儿从实际操作中发现问题、分析问题，从而得出计量单位与单位数之间的反比关系。

终于，通过孩子们的集体智慧，我们测量出石狮子的高度。孩子们非常兴奋地想把我们的发现告诉同伴们，他们会采用什么样的方式进行共享呢？

情景六：怎样告诉大家石狮子有多高？

当孩子们在操场"忙碌"的时候，总会有弟弟妹妹过来询问："你们在做什么啊？"每次孩子们都会特别兴奋地给他们介绍石狮子。直到"毕业季活动——制作自己的名片"这一活动开展后，孩子们便萌发出也要给石狮子制作名片的想法。

"石狮子的名片上需要记录什么呢？"

"名字""性别""高度"……

幼儿园里的石狮子

孩子们迁移已有经验，运用"名片"将石狮子的信息以图文并茂的形式进行展示。我想这就是教育最美好的样子——运用技能，解决问题！

自从有了石狮子的名片，幼儿园里的小朋友、老师对石狮子的兴趣更浓厚了，怎样才能让大家知道更多有关石狮子的故事呢？

幼儿："是啊，你说我们能不能把幼儿园石狮子的故事也做成一本书呢？"

幼儿："这真是个好主意。那我去拿纸了。"

由于信息量比较大，我看到三宝、大涵和菲菲在班级中寻找合作的同伴，最后这本图书历时2周完成，在此过程中，我看到了孩子们的进步，它的意义突破了制作一本图书的教育价值。我们最看重的是他们发现问题和解决问题的能力，当然还有与人合作的能力。

情景七：保护石狮子

思成来到石狮子旁边，看到石狮子身上落满了树叶，于是提出了要把石狮子清洗干净的建议。此建议一出，瞬间得到了孩子们的支持。于是，大家找来了各种各样的工具，抹布、洒水壶、纸巾……他们忙得不亦乐乎！随后我提出怎么能对石狮子进行持续清扫的问题，孩子们便结合值日生计划表，制订了清扫石狮子的计划表。

随着石狮子活动在幼儿园越来越火热，吸引了不少小朋友和老师的关注。为了让更多的人了解石狮子并参与到保护石狮子的活动中，孩子在美工区制作了海报，并由宣讲组的小朋友进行宣讲。孩子们正在设计海报，并筹备"石狮子"主题展览，每一个孩子都投入其中，活动如火如荼地进行着……

四、案例反思

（一）活动内容源于幼儿的真实问题。本次活动的内容选择来源于幼儿的真实发现和兴趣。围绕主题活动开展过程中的真实问题——石狮子的高度在这里（标记线），就是不到一根竹竿的高度，那石狮子到底有多高？我们能不能采用常用的测量工具进行测量，从而得出一个结果呢？孩子们对高度的测量产生了浓厚的兴趣，由此引发的测量活动是真实且有意义的。

133

（二）幼儿在操作体验的过程中掌握了正确的测量方法。通过真实问题情境引导幼儿采用自然物进行高度测量时，幼儿已有的经验是把多个自然物进行首尾相接，然后点数自然物的个数。因此在自然物测量的已有经验基础上，我们减少了自然物的数量，只提供一个物体来让幼儿学习新的测量方法——做标记，首尾相接并且不重复。用单一物体进行测量的经验可以为幼儿后续理解标准化测量奠定基础。

（三）通过个体记录和集体记录的方式引导幼儿初步理解反向关系。在本次活动中，我设计了测量的个体记录单和集体记录单，通过活动设计中两次采用不同长度的材料进行测量的方式，让幼儿发现自然物的长度和测量结果数量之间的反向关系，初步了解计量单位越小，包含的单位数量就越多。而集体记录表中 5 种材料的呈现，也是为了通过这 5 种材料的测量结果进一步引导幼儿发现单位长度与数量之间的反向关系。

（四）在教学活动过程中，对幼儿差异的关注与指导有待加强。在测量的过程中，我对个别幼儿的有效观察与指导还不够。在以后的集体教育教学活动中，我将增强自己的观察意识，提升个别化的指导能力。而针对反向关系，个别幼儿在理解程度上还需要继续加强。今后，我会在区域游戏中提供更多的测量机会和不同的测量工具，引导幼儿充分地感知和体验反向关系。